O domador de tempestades

Copyright© 2019 by Literare Books International
Todos os direitos desta edição são reservados à Literare Books International.

Presidente:
Mauricio Sita

Vice-presidente:
Alessandra Ksenhuck

Capa, diagramação e projeto gráfico:
Gabriel Uchima

Revisão:
Camila Oliveira e Rodrigo Rainho

Ilustrações:
Jabes

Diretora de projetos:
Gleide Santos

Diretora executiva:
Julyana Rosa

Relacionamento com o cliente:
Claudia Pires

Impressão:
Impressul

Dados Internacionais de Catalogação na Publicação (CIP)
(eDOC BRASIL, Belo Horizonte/MG)

A848d	Assis, Valter. O domador de tempestades / Valter Assis; ilustrações Jabes. – São Paulo, SP: Literare Books International, 2019. 208 p. : il. ; 14 x 21 cm ISBN 978-85-9455-219-8 1. Ficção brasileira. 2. Literatura brasileira – Romance. I. Jabes. II. Título. CDD B869.3

Elaborado por Maurício Amormino Júnior – CRB6/2422

Literare Books International.
Rua Antônio Augusto Covello, 472 – Vila Mariana – São Paulo, SP.
CEP 01550-060
Fone: +55 (0**11) 2659-0968
site: www.literarebooks.com.br
e-mail: literare@literarebooks.com.br

Ao verdadeiro talento para domar as tempestades,
que reside no seu ser.

Agradecimentos

Minha eterna gratidão ao Deus Supremo e aos meus mestres espirituais, por terem iluminado a minha inteligência, desde a mais tenra idade, me concedendo a magia da chama interior que me impulsiona para apreciar a beleza infinita da Criação. Com ela aprendi a admirar desde os desenhos traçados no céu límpido pelas nuvens à perfeição e harmonia plena da natureza. A admirar a chuva, as tempestades e os trovões, sentindo a emoção do que vem a seguir, a calmaria, o encanto das cores do arco-íris, o brilho das gotas d'água nas folhas verdes da relva e o revoar das andorinhas.

Minha gratidão se estende aos meus familiares, meus pais, irmãos e irmãs, com quem enfrentei momentos difíceis e, ao mesmo tempo, desfrutei de grandes aventuras, de descobertas, sendo cada um o esteio da fortaleza do outro no processo de nosso crescimento.

Às minhas filhas queridas, meu orgulho de vê-las como exemplo de perseverança e conquistas. À minha esposa Carliane, pelo espírito aventureiro que a levou a me encontrar no porão de uma academia, depois de uma busca de cerca de 500 anos pelos caminhos da existência, pela sua cumplicidade e parceira, pelos dons que ela vê em mim e por desafiar-me a pô-los em prática.

E, ainda, a minha gratidão vai para cada pessoa que conheci ao longo de minha vida, que cruzou o meu caminho durante a minha jornada profissional ou durante as minhas caminhadas de buscas existenciais. Sou grato a cada amigo que conquistei ao longo dos anos – alguns ainda tenho a felicidade de encontrar, de tempos em tempos, outros guardo na lembrança e no meu coração. Não passa um só dia sem que eu me lembre de alguns deles, da época em que nos conhecemos, do que fizemos juntos, e imagine como estão atualmente. E, com carinho, digo para mim: espero que estejam muito bem de saúde, de prosperidade e desfrutando a vida junto aos seus.

Por tudo isso, sou para sempre agradecido pelos talentos recebidos, esses dons e essa chama ardente pelo saber que sempre me moveu. O meu desejo aqui é compartilhar com você, leitor, um dos grandes segredos que fez toda a diferença na minha vida e que poderá ser importante para você também, o qual também procurei colocar em prática ao escrever este livro, que reside no cuidado de se levar em conta os pequenos detalhes, observar as pequenas coisas no dia a dia, prestar muita atenção, pois com o passar do tempo nos daremos conta do quão importantes elas são em nossa vida.

Fica também aqui a minha gratidão pelo seu interesse em dedicar tempo à leitura deste livro, que foi elaborado a partir desses detalhes que passaram a formar parte dos meus valores mais profundos, da minha essência, e que me levaram a definir uma nova missão de vida, dedicada a transmitir um pouco daquilo que serviu para mim, para o meu processo evolutivo, para a minha saúde e prosperidade, na esperança de que pelo menos um pouco disso possa servir a você também, para sua inspiração, para sua motivação, para o seu conforto espiritual e, quem sabe, para o seu próprio processo de evolução e transcendência.

Que você tenha uma boa e produtiva leitura!

Um caloroso abraço do Mestre Chico.

Apresentação

Quando uma alma encontra o seu propósito é como se uma estrela surgisse sobre a Terra, iluminando todos que estão a sua volta. É o que o autor conseguiu mostrar por meio desta obra riquíssima de lições e ferramentas capazes de transformar a vida de quem se permitir navegar por suas páginas.

Renato Lessa Pereira

Psicanalista junguiano, neurocientista e autor de *Formando seres integrais, O poder do autoconhecimento* e *Autocura integral*. Membro da Sociedade Portuguesa de Neurociências. Viseu, Portugal.

Nesta leitura, encontra-se uma reflexão serena sob diferentes ângulos filosóficos que recebem proporções de escala e relevância, na medida em que Valter Assis, amigo querido e grande profissional na área de desenvolvimento humano, trata da importância de que as pessoas cumpram fielmente suas missões e conquistem uma vida plena. A sua narrativa particular, ilustrada em cases que transmitem as linhas de pensamento sugeridas, facilita o entendimento e aproxima as soluções, transformando-as em ferramentas disponíveis, o que por certo valoriza o aprendizado dinâmico que a presente edição deixará às gerações futuras.

Gutemberg Leite

Diretor-executivo do Grupo Meta RH, mestre em Ciências da Comunicação. São Paulo, SP.

O domador de tempestades

É muito interessante e prática a forma como o autor introduziu, neste livro, conhecimentos preciosos nas mais diferentes áreas de nossas vidas, ilustrando-os por meio de suas próprias experiências.

A história de Chico é envolvente, sincera, com desafios diários que a maioria conhece ou já experimentou. Os humores, os medos, as dúvidas, porém, acima de tudo, a confiança na vida que nos ensina grandes lições. Um modelo a ser seguido, já que todos precisamos de espelhos que nos mostrem as nossas próprias possibilidades, nos motivando e nos desafiando a descobrir aquilo que temos de melhor.

Muito me agradou o fato de ver o uso de ferramentas ainda não muito conhecidas, ou pouco usuais no Brasil, principalmente na área empresarial, que considero altamente estressante para todos os envolvidos. Isso devido à seriedade refletida desde os paletós e gravatas até a necessidade de credibilidade nas performances dos diferentes cargos, especialmente os de maior escalão, que requerem certo respeito aos superiores. Sem dúvida, esse é o filão que mais perde sua espontaneidade e fluidez de poder ter atitudes mais leves e soltas, e se dar ao luxo de fazer a pose do gato da yoga, em uma sala de escritório. Achei o máximo e ficaria muito feliz em ver muitos mais executivos se beneficiando dessa prática milenar, um dos maiores presentes que a Índia deu para a humanidade.

As técnicas ensinadas neste livro são simples e, portanto, totalmente aplicáveis no dia a dia, além de, bastante poderosas para gerar uma diferença enorme na qualidade de vida das pessoas. O meu desejo, então, é de que este livro vá parar nas mãos daqueles que estão prontos para se atirar no desconhecido, experimentar esses ensinamentos com a sinceridade do menino Chico, tirando deles tudo o que precisam para uma vida de sucesso e felicidade, do jeito que cada pessoa merece viver, e nada menos do que isso.

Olinda Capece
Psicóloga, escritora e treinadora nas áreas voltadas às terapias alternativas com foco em meditações e espiritualidade.
Pune, Maharashtra, Índia.

Com um olhar extremamente lúdico e inteligente sobre a programação mental e a prática de hábitos mais saudáveis, este livro oferece novas perspectivas sobre os benefícios das atitudes corretas, equilibrando o lado pessoal, familiar e profissional. Por meio de seus relatos, Valter Assis convida, de modo envolvente, o leitor a encontrar novas possibilidades para atingir uma vida com maior significado, prosperidade e saúde plena. Este é um livro para descobrir-se. Felicitações ao Chico por sua visão e amor ao próximo!

Selma Similamori
Educadora na área de bem-estar e felicidade.
Itupeva, São Paulo.

O Chico que deu certo..14

Renovação e superação constroem
uma vida de sucesso...24

Despertar para uma nova vida............................33

Viver a vida que você quer ou a que deveria viver............41
Uma história de superação.................................47

O encontro com Deus e com um novo mestre............53
Os mestres e os ensinamentos que deram certo............59
Dando a volta por cima......................................60

Você é o único responsável pela sua saúde............66

O seu talento é um presente de Deus para você............73

Boa comunicação é o segredo para
qualquer relacionamento ser bem-sucedido............81

As crenças que professamos
são determinantes na nossa vida............................91

O poder da missão e do propósito de vida............99

Promovendo o realinhamento dos seus níveis neurológicos 106

Mantendo seu corpo e sua mente saudáveis 117

Renovando-se à luz das inteligências naturais 124

Valorizando a sua conexão com a natureza 137

Sendo responsável pela prosperidade financeira 145

Elaborando o seu plano de vida 155

A arte de harmonizar trabalho e vida pessoal 163

Uma história de amor 170

Em paz com o Criador 176

Apêndices 177

Apêndice A – E o apelido pegou! 179

Apêndice B – Mas quem é o Chico? 180

Apêndice C – Avalie o ranking das prioridades da sua vida 182

Apêndice D – Escreva o seu estado de vida atual 184

Apêndice E – Escreva o estado de vida futura que deseja 186

Apêndice F – Dinâmica da ilha deserta: encontre seus valores 188

Apêndice G – Sistema representacional 190

Apêndice H – Identificando suas crenças negativas 192

Apêndice I – Ressignificando suas crenças negativas 193

Apêndice J – Modelo de plano de vida 194

Apêndice K – Descobrindo a sua missão de vida 198

Apêndice L – Exercício de alinhamento dos níveis neurológicos 200

Apêndice M – Praticando novos hábitos e crenças positivas 203

Os 27 livros recomendados pelo Mestre Chico 206

Os 27 filmes recomendados pelo Mestre Chico 207

Contatos 208

O Chico que deu certo

> *"A felicidade do corpo consiste na saúde,*
> *e a do espírito, na sabedoria."*
> Tales

Assim como a maioria dos garotos, Chico tinha muitos sonhos, embora sua condição humilde pudesse parecer um impedimento para a realização de tudo o que sonhava. Mas isso não parecia assustá-lo. Ele estava decidido a lutar pelo que queria.

A maioria das pessoas permite que seus sonhos sejam sufocados pelas frustrações e pelas limitações do dia a dia. Perde o prazer de sonhar e deixa de se esforçar para melhorar a vida. Mas esse não era o caso de Chico. Ele sabia o que queria e não iria desistir de chegar lá.

Ouvi certa vez alguém dizer que as crianças são milionárias, pois elas têm, no futuro, um milhão de minutos a sua disposição. Porém, o importante de verdade não é ter esse tempo todo, mas, sim, saber como gastar esse valioso tempo, de modo a viver uma vida de saúde, felicidade e prosperidade.

Chico era especialmente atento a isso. Ele cuidava de cada segundo do seu tempo com todo o zelo que essa preciosidade merecia. Além disso, também tinha uma crença muito forte, que o movia e que dizia que "para brilhar era preciso vencer as provações da vida". De onde ele aprendeu a pensar assim, pouco se sabia. Mas quem conhecia a sua história podia ter uma ideia dos valores que Chico aprendera a respeitar, desde muito menino.

De muitos dos detalhes de sua vida ele lembrava com clareza. De outros, lembrava-se de tê-los ouvido de sua mãe, quando se sentava ao lado dela na varanda e ela se perdia no tempo lembrando de tudo o que já haviam vivido.

O domador de tempestades

Assim, Chico recordava com frequência episódios de sua vida e procurava tirar deles lições que o ajudassem a seguir adiante, apesar das dificuldades.

Sim, eram muitas as histórias e muitas eram as lições a serem aprendidas. Tudo começou na cidade de Uraí, no Estado do Paraná, onde ele nasceu:

De longe, ouvia-se o apito do trem, da máquina a óleo puxando uma fila de vagões que avançavam trilhos afora. Dentro dele, sentados nos bancos de madeira pouco confortáveis, seguia viagem uma dezena de pessoas em cada vagão.

O sol acabara de nascer e entrava por uma das janelas, refletindo a xícara de chá que um senhor com traços orientais, vestido elegantemente, todo de preto, segurava nas mãos. Havia parado de sorver o conteúdo da xícara, pois o choro insistente de uma criança chamara a sua atenção.

Dirigiu o olhar à mãe com uma criança no colo, sentada no banco do outro lado do corredor do vagão, observou que ela tinha pouca idade e então perguntou:

— Desculpe-me, senhora! O que tem a criança que a faz chorar tanto?

— Ele nasceu com alergia por todo o corpo — respondeu a mulher.

Levantando-se, aquele senhor se aproximou da criança. Foi só então que a mãe observou melhor e viu que ele era estrangeiro, de boa postura e com um olhar penetrante. Pediu licença para ver a criança, descobriu um pouco o rosto e os bracinhos dela e observou. A mãe comentou:

— Ele já nasceu assim com essas bolhas de alergia. Deve arder muito!

O senhor se limitou a olhar a criança por alguns segundos. Não disse nada, apenas escreveu algo num pedaço de papel e entregou à mãe. E então falou:

— Entregue para o farmacêutico de sua cidade, que ele saberá como tratar o seu filho.

Assim que o trem chegou na estação, a mãe foi direto à farmácia para falar com o farmacêutico – um senhor sério, baixo e com óculos de fundo de garrafa. Ele pediu para ver a criança que estava no colo. Olhou-a seriamente, virou-a de um lado para o outro e a examinou. Logo perguntou:

— Quem receitou este medicamento para a criança?

— Foi um senhor que estava no trem, respondeu a mãe. Acho que era um médico estrangeiro — respondeu a mãe.

A criança foi medicada por algum tempo por aquele farmacêutico e ficou curada da alergia de pele. Um grande alívio para aquele pequeno ser que amargava, além daquela alergia, um quadro de saúde bastante delicado. Apresentava um quadro alérgico de asma, coriza e rinite, que o acompanhou por muitos anos e que o castigou por toda sua infância e adolescência.

Chico lembrava que, em certas ocasiões, a crise de asma vinha de madrugada. A falta de ar era tão grande que ele ficava sentado na cama, sem poder respirar. Chás e compressas com Vick Vaporub aplicadas no peito aliviavam, mas nada fazia a crise passar. Ele amanhecia em claro, sentado na cama, exausto, com dores por todo o corpo, como se tivesse levado uma surra de vara.

Era assim a luta diária do garoto. E foi aí que, sem que ele percebesse, começou a sua prática de lidar com as dificuldades, aprendizado que valeu por toda sua vida.

Sim, para brilhar nesta vida é preciso vencer as provações do dia a dia, aprender com elas e se fortalecer para seguir em frente e dar os próximos passos com firmeza e decisão. Cada um deve viver com intensidade o que o universo oferece, sem reclamar, mas, antes, enxergando as oportunidades que se escondem por trás das dificuldades.

É bastante comum que pessoas nasçam com saúde e recebam um dom divino, um propósito de vida, um talento único que as torna especiais e capazes para produzir resultados extraordinários em suas vidas. Basta elas despertarem para isso e colocarem em ação o seu propósito.

Todavia, são inúmeros os casos em que, por uma razão desconhecida, elas põem tudo a perder. Deixam de valorizar a vida, envolvem-se com coisas erradas, más companhias, práticas ilegais, más condutas, ou dependências químicas, e precisam chegar ao fundo do poço para só depois de muito sofrimento e sacrifícios conseguirem enxergar o seu propósito de vida, se recuperar, dar a volta por cima e realizar obras grandiosas que as tornem conhecidas, e suas histórias viram exemplos para a inspiração de muitas outras pessoas.

Por outro lado, outros tantos indivíduos parecem já nascer com fortes provações e, por uma razão desconhecida, os sofrimentos e os sacrifícios vêm junto com eles. Esse parecia ser o caso do garoto Chico, nascido numa condição de saúde desfavorável, no interior de uma pequena cidade, filho de pais muito simples.

Quando tinha cinco anos de idade, em mais uma daquelas noites de sofrimento, de passar em claro, era por volta das três horas da manhã quando o menino Chico, quase sem poder respirar, foi chacoalhado por sua mãe. Olhou assustado para ela e ouviu a gritaria que vinha do lado de fora de sua casa.

Sua mãe, espavorida, voltou a chamá-lo em voz alta enquanto, quase gritando, chamava também por suas duas irmãs. Ele, num salto, saiu da cama. Com o susto, os olhos arregalados e as pernas bambas, tentava caminhar enquanto percebia um clarão que vinha do lado de fora, da rua que passava em frente à casa.

O domador de tempestades

Sua mãe agarrou os três filhos pelas mãos e os retirou rapidamente do quarto, passando pela cozinha e correndo em direção à rua. Ao passarem pelo salão do pequeno bar que seu pai tinha anexo à casa, sua mãe tropeçou num engradado de bebidas que estava no chão, encostado na parede. Resmungou qualquer coisa sobre "aquele não ser o lugar daquilo", abriu a porta da frente e, arrastando Chico e suas irmãs, chegaram ao meio da rua.

Ouvia-se muito alarido, pessoas corriam de um lado a outro, homens corriam com baldes d'água e jogavam na parede de sua casa. Logo Chico percebeu que a água era para proteger a madeira da parede, devido à temperatura intensa, e evitar que o fogo da casa vizinha se alastrasse e atingisse a sua própria casa.

Ainda atordoado, quase que por intuição, arregalou os olhos e os fixou na casa vizinha, de onde viam chamas, altas labaredas, tábuas e vigas a despencar. Foi nesse momento que se deu conta de que algo muito terrível estava acontecendo, justamente onde morava Kazuo, o seu amiguinho japonês, seu único companheiro de alegrias daquelas horas em que se encontrava um pouco melhor de saúde e podia brincar.

Ficou ainda mais assustado e, naquele momento, nem mesmo pôde imaginar as tamanhas consequências daquelas chamas na vida daquela família e de seu amiguinho, por quem tinha tanta afeição.

Depois de algum tempo, o fogo havia cedido e as pessoas que estavam ajudando a combatê-lo começaram a se retirar. Sua mãe os colocou para dentro de casa novamente, para que voltassem a dormir, mas Chico não mais pregou os olhos, preocupado com o que teria acontecido a Kazuo e sua família.

Nem mesmo o dia clareou e lá estava Chico, acordado, com dores no corpo, como sempre, devido à falta de oxigênio provocada pela asma. Relembrou o incêndio, ainda mais apavorado do que antes. Parecia que estava conscientizando-se de que algo grave havia acontecido, mas não sabia exatamente do que se tratava.

Nem mesmo lavou o rosto, nem tomou café, e saiu correndo para a rua. Foi direto para a casa do seu vizinho, mas a visão que teve não foi nada agradável. Da casa de madeira, construção típica daquela região no interior do Estado do Paraná, não havia sobrado nada mais do que cinzas. À primeira vista, ele só pôde avistar fumaça e sentir o cheiro de coisa queimada, o que o deixou ainda mais assustado.

O menino Chico, com tão pouca idade, ainda não podia entender com precisão o que tinha acontecido, mas a sua intuição dizia que era algo muito grave. Começou a sentir um aperto no peito, as suas pernas fraquejaram e sentiu um arrepio passar pelo seu corpinho magro, como se estivesse com frio. O vento do outono soprava levantando folhas e, junto com elas, uma nuvem de cinzas e uma coluna de fumaça que vinham dos destroços da casa.

Mesmo com as pernas bambas, ele começou a correr em direção aos escombros e a gritar "onde está o meu amigo japonês?", mas não ouviu nenhuma resposta e, novamente, sentiu calafrios. O suor começou escorrendo pela sua testa, embora ainda fosse muito cedo e o vento soprasse um ar um tanto frio. Ele começou a chorar e o seu peito chiava igual miado de gato.

Parou de repente, olhou em direção à sua própria casa. Pareceu ter escutado o chamado de sua mãe, mas ela não estava à vista. Voltou a olhar em direção à chácara do amiguinho japonês e, finalmente, lembrou-se da outra casa nos fundos da propriedade, onde morava o avô de seu amigo, o velho Ti Zum, como era chamado. Ti Zum era uma espécie de sábio oriental, com quem os dois garotos costumavam passar horas e horas, escutando suas aventuras de quando era mais moço e vivia no Japão. As suas histórias sobre dragões, samurais, imperadores, ninjas, mestres e discípulos os deixavam de boca aberta.

O que haveria acontecido com a família dele? – Pensou Chico, enquanto corria em direção ao casebre. Corria e, repetidas vezes, chamava alto pelo seu amigo, era quase um grito rouco, sufocado na garganta. Parou ofegante diante do casebre, curvado com as mãos nos joelhos, e sentiu um frio na barriga. De repente, ao ouvir o ruído da porta da cabana se abrindo, levantou a cabeça, arregalou os olhos e deu um salto, mesmo antes de ver quem saía. Correu, abraçou o seu amigo Kazuo e chorou. A amizade sincera não se explica. Sente-se aquele vínculo existindo, deseja-se o bem do outro e dói no peito quando ele se encontra ameaçado.

Felizmente, as perdas haviam sido apenas materiais. A família japonesa estava bem. Entretanto, era todo um patrimônio que se perdia e que havia sido adquirido com muito trabalho e suor, embaixo de um sol escaldante nas lavouras do Paraná. Tudo tinha desaparecido como num passe de mágica. Em poucas horas, da noite para o dia, tudo tinha acabado, numa época em que ainda não existia a figura dos seguros que pudesse cobrir os prejuízos.

Chico e Kazuo ficaram abraçados por algum tempo, sem dizer uma só palavra. Só então olharam em direção ao que sobrou da casa e correram até lá. Caminharam sobre as cinzas, com as lágrimas ainda escorrendo pelos seus rostos. Olharam para trás em direção à cabana, avistaram o velho Ti Zum sentado num tronco encostado na parede, com os olhos perdidos no horizonte.

Como consequência do acontecido, aquela família japonesa se mudou para um lugar desconhecido, em busca de parentes com quem pudessem recomeçar a vida. Pouco tempo depois, também a família de Chico se mudou para o outro lado da cidade.

O garoto Chico havia sido afastado de seu único amigo de diversões e teria que superar também essa perda. Ficava a questão: seria isso tudo também outro tipo de provação que a vida estava impondo ao Chico? O que ele precisaria, ou poderia, aprender com isso? Somente o tempo poderia trazer essas respostas.

Porém, uma das coisas que Chico começou a entender é que tudo passa – seja bom ou ruim, tudo passa nesta vida. O susto com o incêndio havia passado quando ele se encontrou com o amigo Kazuo, mas o tempo feliz de compartilharem suas brincadeiras de infância também havia passado. A vida chamou cada um dos dois para missões individuais que, até onde se sabia, seriam em lugares diferentes. Chico começou então a experimentar, mesmo sem compreender ainda, a importância de praticar o desapego.

Agora, vamos pensar um pouco juntos: por que estou contando todas essas histórias? O que o Chico aprendeu que você também poderia aprender, a partir delas?

A verdade é que não nos conhecemos sozinhos, mas, sim, pelos outros, ao vermos refletido nos espelhos o nosso modo de ser. Observando os outros em suas jornadas, podemos também descobrir quais são os nossos caminhos. É usando os outros como referenciais que despertamos para um processo de autoconhecimento que nos faz evoluir. E esse é o primeiro passo para uma vida de saúde e prosperidade total.

Todos nascemos com uma missão a cumprir: a de evoluir enquanto seres humanos e dar continuidade à missão iniciada pelos nossos ancestrais, e transmiti-la às gerações futuras. Porém, a maioria das pessoas nasce, vive e morre sem nunca saber que essa evolução é possível.

Renovação e superação constroem uma vida de sucesso

"Nossos sonhos são a melhor e a mais doce parte de nossa vida. É o momento em que cada um de nós é mais de si mesmo."
(E. Renan)

Muitas pessoas vivem de maneira bem limitada, sem um propósito definido, por isso não realizam muitas coisas ao longo da vida. Mas Chico não era assim. A sua vida era limitada em termos de recursos materiais, mas o garoto tinha muito senso de propósito. É claro que ele não usava a palavra "propósito", porque isso não era algo do conhecimento dele à época, mas a sua atitude perante a vida sempre foi digna de alguém cheio de propósitos. Tanto que não eram poucas as pessoas que estranhavam os seus pensamentos e ações, e questionavam "onde o menino tinha ido buscar aquelas ideias".

Tudo começou mesmo com uma pequena caixa de engraxate, da época em que a família estava vivendo em uma fazenda em Fênix, pequena cidade no interior do sertão do Paraná. Foi ali que Chico e um coleguinha decidiram construir uma pequena caixa de engraxate, feita de caibro e tábuas de madeira reciclada, que na época nem mesmo chegaram a usar. Quando a família voltou para a cidade natal do garoto, Uraí, Chico já estava com oito anos. E foi aí então que ele resolveu pôr em prática a sua vocação de empreendedor e saiu pela cidade engraxando sapatos.

Assim que entrou pela porta do bar, com seu pequeno porte físico, a pouca idade e a minúscula caixinha de engraxate, Chico chamou a atenção de um freguês que estava sentado confortavelmente em uma cadeira, na mesa do bar, degustando uma bebida e lendo o jornal da cidade.

O domador de tempestades

O homem era magro, de bigode e barba ralos, um tanto grisalhos, cabelos um pouco mais compridos do que costumavam usar à época. Parecia estrangeiro. Levantou o olhar penetrante por cima do jornal, fixou Chico e foi logo chamando:

— Ei, garoto! Psiu, venha aqui.

Quando Chico se aproximou e colocou sua caixa de engraxate perto dele, aquele senhor, imediatamente, descansou o pé direito no apoio da pequena caixa, sem dizer uma só palavra. Surpreso, Chico olhou para ele, que voltara a ler seu jornal. Um tanto desconcertado com a rapidez com que aquele senhor o observara e solicitara seus serviços, o garoto decidiu engraxar os sapatos dele, também sem dizer uma só palavra.

Da pequena caixinha de engraxate, Chico retirou as escovas, a flanela e a lata de pasta preta e removeu a película de alumínio que normalmente protegia o produto quando é novo. Passou a limpar e engraxar os sapatos do cliente.

De repente, Chico escutou o seu peito chiar novamente, igual um miado abafado de um gato. Parou por alguns instantes e procurou respirar fundo, tentando inspirar a maior quantidade de ar possível. O senhor olhou para ele e perguntou:

—Tudo bem?

— Sim – respondeu Chico, meio sem jeito.

Com um movimento suave, o homem baixou o jornal e observou Chico novamente. Logo em seguida, levantou a cabeça, olhou ao redor, avistando uns quatro ou cinco outros senhores dispersos nas pequenas mesas do bar, então disse a todos, em alto e bom tom:

— Ei, pessoal! O garoto aqui acabou de abrir uma embalagem de graxa novinha. Coisa boa! Para quem quiser engraxar, veja, não é graxa derretida no fogo, não. Podem engraxar com ele assim que terminar aqui.

E assim, Chico ganhou de imediato outros novos clientes.

Quando o garoto terminou de atender os clientes, o senhor olhou para ele e disse:

— Muito bom!

Deu uma piscada e finalizou:

— Da próxima vez, não precisa engraxar as meias, só os sapatos, viu? Chico agradeceu, realmente sem graça, e foi para casa todo feliz.

Chico não tinha a menor noção do que se passava, porém, aquele senhor de aparência oriental, bem-intencionado, provavelmente desejando ajudar o pequeno engraxate, com seu comentário sobre a qualidade de sua pasta de engraxar, deu-lhe uma boa lição sobre ética e valores. Algo que o menino Chico jamais esqueceu.

A partir daquele dia, todas as manhãs, quando a sua mãe permitia, lá estava Chico, no mesmo bar, atendendo novos fregueses. Não passava uma semana sem que o senhor oriental engraxasse os sapatos. Ele sempre conversava, sem pressa, com o garoto. E assim se formou uma bela amizade.

Valter Assis

Chico ficou sabendo que o nome do seu amigo era Yum. E, dia a dia, algumas vezes, mesmo sem engraxar os sapatos, o garoto se sentava ao lado dele enquanto não aparecia outro freguês e a conversa avançava. Com ela, ia se consolidando aquela amizade e a confiança entre o garoto e aquele senhor.

Num daqueles dias, vendo o interesse de seu novo amigo em orientá-lo, Chico desabafou com ele sobre a sua doença e sobre como o pouco que arrecadava engraxando sapatos ajudava na vida difícil que levava na casa onde morava com a sua mãe e seus irmãos. O homem balançou a cabeça, pensativo. Então, disse que tinha que sair para resolver algumas coisas. Perguntou ao Chico se queria continuar a conversa na casa dele. Fez um convite ao garoto:

— Assim que terminar o seu trabalho de hoje, passe lá em casa. Vamos tomar um suco ou um chá. Também tenho em casa uma bota que gostaria de engraxar.

Antes de sair, explicou o caminho para Chico:

— A minha casa é naquela chácara na estrada da boiada. Logo depois da ponte, vire à direita e passe os trilhos do trem. Logo vai avistar a casa branca, rodeada de coqueiros.

Chico pensou um pouco e depois respondeu:

— Tá! Vou passar por lá.

O convite era novidade para o garoto Chico. Não estava acostumado a visitar a casa de outras pessoas. Porém, como se sentia muito bem quando conversava com seu amigo Sr. Yum, ou Dr. Yum, como ele era conhecido entre os coreanos, ficou um tanto ansioso e até mesmo parou de engraxar um pouco mais cedo naquele dia, para ir direto à casa indicada.

Passou a ponte indicada, virou na estrada de terra à direita, avistou os trilhos do trem. Cruzava a linha quando olhou em frente, sentiu um arrepio e pareceu sentir um pouco de frio. Ouviu um zumbido que parecia vir dos trilhos e, por um momento, lembrou-se de sua mãe. Pareceu tê-la escutado chamar. Teve dúvidas em continuar, pois não a havia avisado sobre a visita que faria ao amigo e não costumava fazer coisas sem que ela soubesse.

Pensou em desistir. Afinal, sua mãe era uma italiana muito brava. Pobre de quem saísse da linha... O castigo era certo. Naquele momento, ouviu o seu peito chiar novamente, como sempre acontecia quando estava tenso. Olhou em frente outra vez e avistou a casa branca no meio dos coqueiros. Seria bom continuar a falar sobre a sua saúde delicada com o seu amigo. Decidiu seguir em frente. Afinal, não estava fazendo nada tão grave, pensou.

Logo ingressou pela alameda de coqueiros que levava em direção à casa – uma construção rústica, com base de pedras e paredes brancas. Avistou o seu amigo em pé, na porta, acenando para ele.

— Vai chegando! Convidou novamente o Sr. Yum. Vamos sentar aqui fora mesmo. O tempo está bom e fresco.

O domador de tempestades

Sentaram-se em um banco na varanda da casa e Yum, sem perguntar nada, serviu uma xícara de chá para cada um. Tomaram o chá sem pressa, enquanto conversavam sobre amenidades do dia a dia da vida de Chico.

Em certo momento, Yum baixou a xícara nos lábios, olhou para cima, como se estivesse percebendo algo no céu. Chico acompanhou o movimento e ouviu quando o amigo sugeriu que fechasse os olhos. O garoto obedeceu e se deixou perder em pensamentos.

— Perfeito! – disse o amigo. Agora, imagine-se dentro de um trem: o trem da sua vida. Ouça o apito dele e o ruído dos trilhos zumbindo, o chacoalhar nas janelas. Perceba as pessoas que estão dentro junto com você, e imagine para qual destino vocês estão indo.

Imediatamente, Chico se viu sentado em um dos bancos do trem, junto com várias outras pessoas, algumas conhecidas e outras que não fazia ideia de quem eram. Mas, de uma coisa teve certeza: todas elas faziam, fizeram ou fariam parte de sua vida. Todas seguiam para um mesmo destino. Algumas parariam em estações no meio do caminho e outras iriam com ele até o final da jornada. Outras ainda iriam mais além. Parecia tudo muito estranho, mas, de alguma forma, tudo fazia sentido. Ele apenas ainda não compreendia completamente o que estava "vendo".

Chico abriu os olhos e olhou para o amigo.

Yum indagou, então:

— O que você quer fazer da sua vida, Chico?

O garoto estava um pouco zonzo, porém a pergunta teve o efeito mágico, fazendo brilhar suas ideias. Então, respondeu:

— Ainda não tinha pensado muito nisso, mas agora sei que quero me curar dessa asma, quero estudar, ter uma profissão e ficar rico — deu uma risadinha meio acanhada. Penso em ir para São Paulo, para casa dos meus avós, para me tratar e estudar.

Chico não sabia de onde tinha tirado isso, mas essa ideia aparecia em sua mente como uma certeza absoluta e grande convicção.

Yum descansou a xícara na mureta ao lado da porta. Ficou em silêncio por alguns instantes e depois voltou a fitar o garoto com o seu olhar típico. Ficou assim por alguns momentos, olhando para o Chico, que ficou desconcertado, sem saber o que falar. E finalmente perguntou:

— É isso mesmo que você quer?

— É isso o que eu quero – respondeu Chico.

— Você quer mesmo? De verdade?

— Sim. Quero com o meu coração, disse Chico!

— Então, faça isso – disse Yum. E completou:

— Você pode fazer da sua vida o que quiser. Basta querer de verdade que o caminho se abrirá.

Ficaram ali um pouco mais, os dois em silêncio. Então, Yum perguntou:
— E então, Chico? Gostou do chá?
— Sim, gostei muito – o garoto respondeu, quase que automaticamente.
Em seguida, percebeu que estava começando a escurecer e se apressou em se despedir e agradecer ao amigo. Saiu correndo, cruzou os trilhos do trem e seguiu para casa. A imagem do amigo não saía de sua cabeça. Sem saber por que, veio a sua mente a imagem do velho Ti Zum, avô de seu amigo Kazuo, cuja casa havia se incendiado havia alguns anos. Continuou a correr com a sua caixa de engraxate nas costas, enquanto o sol começava a se pôr no horizonte.

Muita gente diz que tem pouca ou nenhuma escolha. Sofre com a falta de autoestima, se faz escrava do trabalho. Corre de um lado para o outro, sem tempo para nada. Sofre da síndrome da ansiedade, enxaqueca, depressão e outros problemas psicossomáticos, mas isso não é razão para deixar de sonhar. Chico sempre soube disso e nunca se deixou abater. Quem sabe você também possa se inspirar no exemplo dele.

Não nascemos por acaso, mas, sim, para cumprir um propósito grandioso. Para isso, nascemos com dons especiais, únicos e exclusivos. Nunca existiu, não existe e não existirá outra pessoa igual a você na história da terra. Os seus sentidos dão poder para realizar tudo aquilo que almejar na vida. Realizar isso só depende da sua profunda vontade de praticar aquilo que já está dentro de si, de manifestar no mundo todo o potencial que está no seu interior, à espera de que você o descubra e lance mão dele.

Você já subiu no trem da vida e já está a caminho do seu destino, mas precisa estar atento para fazer a verdadeira viagem da existência. Como disse Marcel Proust, escritor francês, "a verdadeira viagem de descobrimento não consiste em buscar novas paisagens, mas em ter novos olhos". A verdadeira jornada está acontecendo dentro de você e somente os seus olhos poderão admirar toda a beleza da sua existência.

Uma vez que saiba para onde quer ir, encontrará pessoas que irão contigo e outras ainda que servirão de referencial, que serão os seus mestres durante trechos de seu caminho. Os mestres serão muitos, mas você tem que estar preparado para eles, porque, como diz um antigo ditado chinês, "é só quando o discípulo está pronto que o mestre aparece".

Então, esteja pronto. Seja aquele que está sempre disposto a aprender, crescer e evoluir. Lembre-se sempre: não importa de onde você veio, desde que saiba para onde quer ir. Você pode fazer da sua vida o que quiser, basta querer e agir na direção de seus desejos.

Valter Assis

Despertar para uma nova vida

"Todos tratam de viver muito, não de viver bem; quando de ninguém depende viver muito, todos podem viver bem."
(Sêneca)

Chico seguia sua jornada no trem da vida, mesmo sem ter consciência de que já estava a caminho do seu destino, que ele mesmo seria responsável por construir. E, a cada dia, mais ele tinha novos olhos para a vida, novas formas de perceber tudo o que lhe acontecia à volta e, principalmente, em sua própria vida. E ele aprendia, porque tinha sede de aprender, de evoluir e crescer, e era dono de uma vontade enorme de fazer uma diferença positiva no mundo.

Aos nove anos de idade, Chico chegou de trem a São Paulo, vindo do interior, para morar na casa de seus avós paternos. Segundo o que ele havia conversado com o Sr. Yum, que passou a ser para ele uma espécie de mestre, a mudança para São Paulo seria para se tratar da asma, estudar, achar uma profissão e ficar rico.

Viveu com os avós por dois anos. Estudou na escola estadual Mario de Andrade, na Rua Joaquim Nabuco, e no tempo livre o seu avô alternava-se com um padrinho para levá-lo a todos os lugares possíveis, na busca da bendita cura da asma.

É claro que a vida apresentava desafios, e para o menino Chico não foi diferente. Não bastassem os problemas de saúde, que tornavam suas atividades mais penosas, o menino não parava de se preocupar com seus pais e seus seis irmãos, pois sabia que se encontravam com muitas dificuldades, até mesmo para sobreviverem na pequena cidade onde moravam, no interior do Paraná. Todos os seus

O domador de tempestades

familiares haviam se mudado para São Paulo havia alguns anos, de maneira que eles estavam totalmente sós por lá.

Com uma clareza de consciência acima da média a para sua idade, Chico decidiu voltar à casa de seus pais e convencer a família a também se mudar para São Paulo. Aos onze anos de idade, ele se tornara o líder que teria que convencer o seu pai de que essa mudança seria o melhor para todos.

Na estação da antiga Estrada de Ferro Sorocabana, já se ouvia o apito do trem, avisando que era hora de finalizar o embarque e dar a partida. Dentro do vagão, sentado, olhando pela janela, lá estava Chico. Sentiu alguém tocar o seu ombro, virou-se e abriu um sorriso. Era o seu tio mais novo, de quem era admirador e com quem fez grande amizade durante os dois anos de convívio. Tinha ido se despedir do garoto. Estendeu a mão e entregou ao garoto uma caneta tinteiro Parker e uma nota de 200 cruzeiros, para ajudar nas despesas de viagem. Despediram-se e o trem se colocou a caminho.

Depois de uma noite inteira e uma manhã, o trem chegou à estação de Uraí, cidade natal de Chico. O garoto desceu e olhou ao redor, pensativo. Enfiou a mão no bolso e retirou o dinheiro que havia ganhado de seu tio, que possibilitou contratar uma corrida de charrete, para levá-lo até a porta da casa de seus pais. Ficou feliz em pensar que estava voltando para casa "em grande estilo" – afinal, isso poderia ajudar na tarefa de convencer seus pais a se mudarem para São Paulo.

Foi um trabalho duro, mas, finalmente, Chico conseguiu provar para o seu pai e sua mãe que o melhor para todos seria mesmo uma mudança. Em poucos meses, chegaram a São Paulo – Chico, seus pais e os seis irmãos. Foi no mês de fevereiro, justo no mês de seu aniversário, quase às vésperas da revolução de 31 de março de 1964. Foram direto para um quarto cedido por um amigo de seu pai, no alto de Pinheiros, e de lá seguiram para a zona leste da capital.

Se a vida já estava difícil naquela época, imagine então no período da Revolução Constitucionalista, quando faltava de tudo, desde o açúcar à farinha de trigo e os pães. Enquanto seus pais saíam para encontrar algum trabalho, lá ficava o jovem Chico, já com 12 anos, assumindo as responsabilidades pela casa e pelos seis irmãos. Como filho mais velho, tinha que tomar conta dos menores, dar banho, cozinhar, alimentá-los e também limpar a casa.

O problema mais grave era que eles simplesmente não tinham comida. Seus pais saíam e deixavam Chico tomando conta da casa e dos irmãos, apenas com alguns pacotes de farinha de mandioca na despensa. Ao que ele sempre juntava algumas folhas de couve que colhia na hortinha que havia feito no quintal, e refogava.

Um ano havia se passado, com muito sufoco, e a situação ainda não estava melhor. Foi quando o seu pai encontrou um trabalho em uma fábrica de botijões de *gás na zona sul, em Interlagos. E lá se foram eles de mudança novamente. Porém, a vida limitada continuava, com Chico assumindo todas as responsabilidades da casa e dos irmãos. Com o agravante de que a família havia aumentado: ele ganhara um novo irmãozinho, o que tornava as dificuldades do dia a dia ainda maiores.*

Chico não reclamava. Fazia tudo o que era preciso pela família, mas não era apenas isso que ele esperava de sua vida! Relembrou a conversa que teve com o Sr. Yum, seu mestre oriental, quando decidiu vir para São Paulo para se tratar, estudar, ter uma profissão e ficar rico. Mas não parecia que ele estava conseguindo isso! O que poderia fazer para sair daquela condição desfavorável?

Diante da rotina e das limitações em que se encontrava, a sua vida parecia não ter a mínima perspectiva de melhora. A situação se agravava constantemente devido ao relacionamento de seus pais, que ia de mal a pior. Nos poucos momentos em que eles passavam em casa, Chico ficava inconformado e chateado por ouvi-los discutir e brigar. Eram raros os momentos de paz em que ele podia descansar, ler algum livro ou seus gibis da coleção Lança de Prata, sobre as aventuras do Tarzan.

Nessas horas, vez ou outra, o seu diálogo com o Mestre Yum voltava a sua mente:

— Você pode fazer da sua vida o que quiser. Basta querer. Você quer?

— Quero!

— Como você quer, o quanto quer?

— Quero com o meu coração!

Como seria querer com o coração? Como fazer isso diante de tal situação, aparentemente sem saída? A vida é assim mesmo. Ela nos desafia a ação a todo instante. – concluía Chico, em seus pensamentos.

Vez ou outra, quando seus pais estavam em casa, nos fins de semana, o garoto podia escapar e ir até o centro do bairro onde morava, para ver o movimento do lugar e, quem sabe, encontrar algum conhecido para conversar um pouco.

Era sábado à noite. Lá estava Chico, parado diante da barraca do jogo do bingo, na quermesse da igreja do bairro onde morava, na zona sul. Era um daqueles raros momentos de folga que ele tinha nos fins de semana. Enquanto esperava suas duas irmãs e sua prima chegarem, olhava para um crucifixo exposto na prateleira, como um dos prêmios. Era de madeira, na cor preta, com uns 30 centímetros de altura e tinha a imagem do Cristo crucificado, feito de metal prateado. Chico não tirava os olhos do crucifixo, que lacrimejavam enquanto passava pela sua cabeça a pergunta "Será que milagres existem?".

O vendedor das cartelas se aproximou e, num gesto rápido e impulsivo, Chico enfiou a mão no bolso e retirou a única nota de dez cruzeiros novos que tinha. Segurou firme uma cartela e pagou para o vendedor, continuando a olhar fixamente para o crucifixo, enquanto mentalizava: "Eu preciso de você lá em casa!".

O domador de tempestades

Como um relâmpago, passaram por sua mente imagens das dificuldades que vinha enfrentando nessa fase da sua vida, para cuidar dos irmãos, cozinhar, limpar a casa e, ainda por cima, presenciar as brigas de seus pais e amargar a falta de perspectiva para sua vida. Enquanto via a bolinha do bingo rolando dentro do globo, ele repetia na sua mente dezenas de vezes: "Eu preciso de você lá em casa... Eu preciso de você lá em casa... Eu preciso de você lá em casa!". Repetia o seu desejo com toda sua força interior, com todas as células do seu corpo, tamanho era o seu desespero diante da situação em que se encontrava, com a sua esperança de que pela fé tudo mudaria.

Somente perdeu a concentração ao perceber a aproximação de suas irmãs, juntamente com a prima. No mesmo instante em que se virou para olhar para elas, o senhor do Bingo gritou:

— Deu a boa... 23!

Sua prima disse rapidamente:

— Olhe, deu o seu número!

Chico arregalou os olhos, virou para o senhor da barraca e pensou "milagres existem. E a força do pensamento também". Pegou o seu brinde milagroso com as duas mãos e com uma esperança enorme renovada no fundo do seu peito e da sua alma.

O fato é que, a partir do momento em que o crucifixo foi parar na casa do Chico, as coisas por lá foram melhorando rapidamente. Ele foi levado por um tio, para voltar a estudar como aprendiz no Senai, em um laboratório onde fez carreira e permaneceu por dez anos. Seus pais resolveram suas desavenças e seus sete irmãos foram crescendo, encaminhando-se na vida e todos tiveram sucesso nos caminhos que escolheram.

Com o passar dos anos, o crucifixo preto, depois de ficar algum tempo pendurado na parede do quarto do Chico, mesmo depois que ele seguiu seu caminho, ainda ficou por alguns anos na casa de seus pais. Em seguida, foi parar na casa de vários de seus irmãos, cumprindo a sua missão e deixando um legado de fé e esperança por onde passava. A última notícia que Chico teve dele é que havia sido doado para uma igreja da zona sul de São Paulo. Ele havia cumprido a sua missão em sua família, deixando claro para o garoto que os milagres existem e o poder de atração do pensamento também é uma realidade.

Sim, os milagres existem e o poder de atração do pensamento também é uma realidade. Ao longo de sua vida, Chico pôde comprovar isso, pois acontecimentos como "o milagre do crucifixo" ocorreram com ele mais de uma dezena de vezes.

Muito mais tarde em sua vida, já adulto, Chico veio a descobrir que a Física Quântica[1] explica o poder da Lei da Atração[2], ou seja, "o que você pensa você atrai. E, assim, nós criamos a nossa própria realidade".

As religiões explicam isso como sendo o efeito da fé, em que a ausência da dúvida produz resultados surpreendentes. De qualquer modo, o grande ganho que Chico teve com essa experiência foi perceber que ele podia realmente realizar muito mais do que suas limitações físicas sugeriam ser possível. E percebeu também que, de alguma forma, ele não estava sozinho naquela sua caminhada pela vida.

Com a compreensão da Lei da Atração e a descoberta do poder da fé, Chico pôde entender que era exatamente isso que vinha acontecendo com ele em várias ocasiões e que o mantinha sempre crescendo e conquistando suas metas. Por uma característica natural que tinha, ele nunca duvidava de que poderia conseguir algo que almejava.

Chico, aos poucos, foi incorporando no seu modo de ser práticas importantes, como a aceitação das coisas como elas são, saber que a diferença entre pessoas e coisas existe sempre por alguma razão, que todo problema traz em si uma oportunidade de aprendizagem e aperfeiçoamento. E, sem julgamentos, mas sempre com boa intenção, conseguia esperar o momento certo para transformar qualquer dificuldade ou contrariedade em algo bom.

Chico conseguiu criar a sua realidade, a partir da imaginação daquilo que desejava, não obstante se as condições que tinha no momento eram favoráveis. Não ignorava a sua realidade. Olhava com atenção para tudo o que tinha de bênçãos em sua vida e era grato pela força em buscar ter mais saúde e pela sua inteligência. Ele percebeu que o primeiro passo para o sucesso e a felicidade deve ser a gratidão pelo que se tem. O segundo passo é definir com clareza o que se deseja e para quando. Com isso, talvez o "como chegar lá" não dependa da pessoa, mas ela se coloca à disposição do universo, para seguir em frente quando ele apontar a direção, o caminho a ser seguido.

Os sábios védicos[3] ensinam: "Mantenha sua atenção no que existe e veja a sua plenitude em cada momento. A presença de Deus está em todos os lugares. Você precisa apenas abraçá-la conscientemente com sua atenção."

---

1 A Física Quântica estuda os fenômenos que acontecem com as partículas atômicas e subatômicas. Estudiosos de renome internacional relacionam os princípios da física quântica com o poder do pensamento em construir a realidade.

2 É bastante comum encontrar quem defenda que a Lei da Atração tem suas raízes associadas à Física Quântica. De acordo com a Lei da Atração, os pensamentos possuem uma energia que atrai energias semelhantes e, portanto, criam a realidade.

3 Sábios da Civilização Védica: antiga civilização da Índia.

O domador de tempestades

Talvez você já esteja se identificando, ou venha a se identificar, com algumas dessas situações pelas quais o Chico passou. Isso significa apenas duas coisas: que você é humano e que está vivo. A vida é assim mesmo. Ela nos exige empenho e determinação, e nos premia com a realização de nossos sonhos, desde que estejamos dispostos a seguir em frente, lutando por eles.

Portanto, agora você já sabe que tem motivos suficientes para procurar absorver a essência do que está neste livro e colocá-la para trabalhar a seu favor, porque, assim como aconteceu com o Chico, você vai despertar para uma nova vida. Assim como o ele você tem agora a oportunidade de aprender os segredos dos grandes mestres para obter harmonia e crescimento na sua carreira e na sua vida.

Viver a vida que você quer ou a que deveria viver

"Há vidas que só têm prólogo; mas toda gente fala do grande livro que se lhe segue, e o autor morre com as folhas em branco."
(Machado de Assis)

Um grande contingente de pessoas sofre com o modelo da sociedade atual. Estão expostas a cada vez mais informações, a uma velocidade impressionante, e necessitam filtrar e processar tudo isso para poderem realizar o seu trabalho.

Uma quantidade enorme de pessoas está frustrada com seu trabalho. Sofre de alto estresse, tem insônia e sobrepeso. Depende de remédios que, além de caros, causam efeitos colaterais prejudiciais.

As pessoas, normalmente, têm muitas contas para pagar, passam por problemas no relacionamento familiar e, muitas vezes, se encontram num beco sem saída. Chegam à terceira idade sem autonomia financeira, perdem o sentido da vida e não realizam seus sonhos.

Tudo isso, na maioria das vezes, tem uma consequência extremamente ruim: as pessoas se cansam e desistem de seus sonhos. Pior ainda, renunciam cedo demais, no exato momento em que bastaria apenas mais um passo para atingirem o sucesso.

É provável que uma das principais razões pelas quais Chico obteve sucesso na vida é que ele sempre foi persistente, muito persistente. O seu lema sempre foi "persistirei com todas as forças do meu ser, até alcançar o sucesso".

O garoto Chico estava muito agradecido à Criação pela sua nova condição de vida. É certo que ele não teve muita escolha naquela época, mas se agarrou à

O domador de tempestades

primeira oportunidade que apareceu, para sair da situação limitada em que se encontrava. Felizmente, a oportunidade foi realmente boa e isso lhe abriu muitas portas na vida.

Chico tinha ficado mais de três anos sem estudar e, por isso mesmo, passou a se dedicar o máximo possível ao curso técnico do Senai, que cursava durante o dia, e de noite estudava o ensino secundário, na escola estadual.

Vida dura! Saía de casa às 5h15 e só voltava às 23h30, indo direto de uma escola para a outra. Mesmo assim, estava feliz, sabia que isso era importante para continuar sua jornada em busca da sua missão de vida, que ele definia como "ter mais saúde, estudar, ter uma profissão e ficar rico".

Entretanto, a rotina dos transportes coletivos, os horários penosos e os estudos duros e severos estavam levando o jovem Chico a uma estafa física e mental, de tal forma que suas crises de asma voltaram a incomodar. Foi então que, aos 15 anos de idade, teve que tomar mais uma difícil decisão em sua vida. Precisou decidir sozinho, mais uma vez, porque o seu pai estava sempre muito ausente e a sua mãe, italiana brava e de pouca conversa, não era alguém com quem ele poderia discutir esse assunto. E foi assim, sozinho, que Chico decidiu abrir mão do ensino secundário. Seria algo temporário, pensava ele, mas era necessário naquele momento.

Felizmente a decisão foi acertada. Dois anos mais tarde, recebia, das mãos de um de seus professores da escola técnica do Senai, o seu certificado de marceneiro. Na cerimônia realizada com a presença de seus pais, Chico sentia uma emoção que não podia definir. Passavam por sua mente flashes das dificuldades que teve que enfrentar para chegar até aquele momento. Durante três anos, levantou cedo, tomou chuva e comeu marmita fria, mas não desistiu. Aliás, desistir de seus sonhos não era algo que ele considerava uma possibilidade.

Sem sombra de dúvida, tinha motivos para sentir orgulho de ter vencido todas as dificuldades. Além disso, eram reconfortantes as lembranças da oficina, das salas de aula, dos trabalhos escolares, dos colegas, dos professores, dos hinos, das leituras. O reconhecimento pelas suas habilidades com os desenhos, as plantas e a posterior construção de mesas de centro, escrivaninhas e estantes era motivo de orgulho. Ao subir ao palco para receber o seu diploma, ele transpirava, sorria e, ao mesmo tempo, tremia de emoção, porque tinha a sua profissão.

Com apenas 16 anos, Chico saía do mundo dos jovens para trabalhar no mundo dos adultos, com novos colegas, novas responsabilidades. Havia chegado a hora de enfrentar o mundo real. Passava da condição de aprendiz do Senai para a de empregado da oficina de manutenção do laboratório. Já era um técnico. Um marceneiro formado por uma escola conceituada.

Mas a vida queria mais de Chico, e ele queria mais da vida. Por isso, sabia que precisaria ir ainda mais além. Afinal, embora já tivesse logrado grandes conquistas, isso ainda não resolvia os problemas de falta de dinheiro em casa. Afinal, não cuidava mais da casa nem dos irmãos, porém era ainda responsável por ajudar na renda da família, levando para os pais, no final do mês, todo o dinheiro que era possível, do salário mínimo que recebia.

Foi então que, um dia, sentado em frente à oficina de manutenção, na hora do almoço, o jovem Chico tomou outra decisão que mudaria o rumo de sua vida. Observava o ritmo daqueles técnicos trabalhando na manutenção e refletia sobre o futuro deles, comparando-os ao modo de vida de seu pai e às conquistas dele. Pensou: "Admiro todos eles e quero ser uma pessoa virtuosa como meu pai, mas não quero ter a vida limitada que eles têm! Trabalhando numa oficina de manutenção, eu nunca serei rico!"

Levantou-se decidido e foi direto conversar com o seu supervisor da manutenção. Disse que iria mudar de profissão. Nem esperou sua resposta e rumou direto para a sala do chefe de pessoal. E pediu transferência de área.

Chico era grato por tudo o que conquistara até ali e por todas as pessoas que o ajudaram, mas havia escolhido a profissão de marceneiro sem uma orientação adequada e por absoluta falta de poder de escolha. Tinha agarrado a primeira profissão que tinha aparecido, estava feliz por suas conquistas, mas sabia que, se continuasse nela, com certeza frustraria a realização de seus sonhos.

Pouco tempo depois, lá estava Chico: o mais novo office boy da farmacêutica. Estava em pé na rua Três de Dezembro, no centro da cidade de São Paulo, orgulhoso com a pasta de couro na mão, cheia de documentos. Fizesse chuva ou sol, tivesse ônibus ou não, todos os documentos tinham prazos para serem entregues ou para serem retirados em diversas repartições. Iniciava-se assim a sua nova profissão.

Um ano depois, já ocupava o cargo de auxiliar do correio. A correria não diminuíra em nada, mas era um cargo de maior responsabilidade. Eram cartas, documentos e cheques que vinham, passavam por triagem e eram distribuídos internamente. Mais um ano depois, lá estava ele novamente com a pasta na mão no centro da cidade, desta vez, porém, como auxiliar de finanças, responsável por recebimentos de duplicatas em carteira. Outro ano e lá estava ele sendo promovido a supervisor da folha de pagamento. Mais dois anos se passaram e Chico foi promovido a assistente de administração de salários.

Seis anos haviam se passado desde a sua formatura no Senai. A sua escalada pessoal e profissional havia sido impressionante. Os números revelavam: cinco cargos e três escolas. Nesse período, concluíra o supletivo, fizera cursinho para o vestibular, entrara na faculdade, montara sua casa, se casara e tinha tido uma filha. Estava literalmente vivendo no mundo dos adultos.

O jovem Chico reconhecia o seu progresso fenomenal, estava muito agradecido à Criação por tudo isso, porém sentia-se pressionado sob grandes responsabilidades, vivendo em

O domador de tempestades

meio à correria dos grandes centros urbanos, envolvido com questões de trânsito, poluição, intempéries, exigências e pressões no trabalho, na escola, na família. Voltou a dormir apenas cinco horas por noite, começou a faltar dinheiro para o orçamento doméstico e, com esse ritmo louco, agravaram-se também as crises de asma, alergia e rinite.

Dentro daquela rotina, mais um dia se iniciava e ele, diante do espelho, se arrumando para sair para o trabalho, observou as suas olheiras e a sua respiração curta. Não gostou do que viu. E, mais uma vez, mais rápido que um relâmpago, ressoou em sua mente a pergunta: "O que você quer fazer da sua vida, Chico?". E isso sinalizou a ele que a busca continuava. Ainda havia mais a realizar e só dependia dele se empenhar para isso.

Chico aprendeu que, na vida, tudo é consequência de sua vibração, de seus pensamentos e da sua gratidão.

Na física quântica, diz-se que tudo é energia e, portanto, tudo vibra. Somos seres vibracionais. No mundo vibracional, existem apenas duas espécies de vibrações possíveis: a positiva e a outra que podemos chamar de negativa, devido à sua baixa frequência. E todo sentimento faz com que você emita uma vibração que pode ser favorável ou não favorável para você.

Todo pensamento que você possui emite uma frequência para o universo, que retorna para sua origem. Os sentimentos têm suas origens nos pensamentos de qualidade. À medida que você desenvolve suas capacidades para controlar conscientemente os seus pensamentos, para que eles sejam de maior qualidade, eles emitem uma energia que vibra numa frequência mais alta ao universo, que retorna a você de maneira construtiva, como se, juntamente com o universo, estivesse cocriando abundância e prosperidade total.

Se em lugar disso, se você ainda não despertou para vigiar, controlar e substituir seus pensamentos, e passar a ter pensamentos negativos, como de desânimo, tristeza, raiva, ressentimentos, medo e outros, isso tudo irá emitir uma energia distinta, de baixa frequência para o universo, que irá voltar para você e que, fatalmente, não será construtiva. Por isso é tão importante cuidar da qualidade dos seus pensamentos e aprender a cultivá-los de forma mais positiva.

A gratidão altera positivamente a sua frequência vibracional. Ser grato é um hábito que você deve incorporar agora mesmo à sua vida. Comece a agradecer por tudo, pelas coisas boas e também pelas ruins, por trás de tudo existe uma intenção positiva, uma forma de aprendizagem, por isso agradeça por todas as experiências que já vivenciou indistintamente. A gratidão abre as portas para que as coisas boas fluam positivamente na sua vida.

A maioria das pessoas, por ter começado a vida sem nada, adota uma atitude negativa que leva a acreditar que é preciso continuar sem nada para sempre. Essa é uma das principais causas de tantos fracassos.

Outras pessoas, ao chegarem em um determinado lugar de destaque, ficam satisfeitas com o que conquistaram e, considerando que "já está bom", que já é o suficiente, se acomodam e param de evoluir. Só que a vida não admite isso, porque quem para de crescer fracassa, mesmo que já tenha tido muitos sucessos. Vida é movimento e ir contra isso é muito perigoso e frustrante.

O segredo é vibrar positivamente, aceitar cada um dos desafios, dando tudo o que puder, com a sua total energia, sem nunca se deixar abater pelas derrotas. Vibrar positivamente, para entrar em sintonia com o que o universo tem de melhor. Persistir, acima de tudo, na busca da evolução contínua. Ir em frente com todas as forças do seu ser, até alcançar um novo sucesso. E daí partir para outras vitórias, continuamente.

Uma história de superação

> *"A maioria de nós tem pensamentos e emoções prejudiciais, que se desenvolveram como resultado de traumas ou dificuldades na infância, ou do modo como fomos criados."*
> *(Steven Seagal)*

A infância é uma época em que se definem os rumos, ou pelo menos as tendências que uma pessoa tem quanto ao seu futuro, na vida adulta. Traumas na relação paterna ou materna, por excesso de rigidez, falta de amor ou mesmo superproteção são determinantes na formação do caráter e no equilíbrio do ser humano.

Existem estudos que demonstram que a relação de pais com filhos e a forma de criá-los são as maiores fontes de distúrbios psicológicos e problemas emocionais que se manifestam na adolescência e na vida adulta.

No filme *O discurso do rei*, o Duque de York, que seria o futuro Rei George VI da Inglaterra, tinha traumas de infância que eram as causas de sua gagueira e dificuldade de falar em público. O problema se agravava quando ele era confrontado, ficava nervoso ou tinha que se expor em público. Ele literalmente travava, ficava mudo.

Na primeira pergunta feita ao Duque, o terapeuta e fonoaudiólogo Lionel Logue ficou sabendo que o paciente tinha gagueira desde os quatro ou cinco anos de idade.

À medida que o terapeuta foi ganhando a sua confiança, pôde conhecer um pouco mais sobre os conflitos familiares da realeza. Descobriu que o pai do Duque, o Rei George V, era uma pessoa tremendamente exigente, cobrava perfeição em tudo e queria que os filhos tivessem medo dele. Tinha sido austero, crítico e responsável por pressionar o filho.

Diante dessa anamnese foi possível ao terapeuta ir trabalhando a criança interior do Duque, pois a limitação da fala não era um problema permanente dele, nem mecânico, mas, sim, de cunho emocional, como resultado dos seus traumas de infância. Foi preciso trabalhar o seu inconsciente para não mais ter medo das coisas que ele temia quando tinha cinco anos de idade.

Como resultado desses procedimentos, após a morte de seu pai, o Duque assumiu o trono e, em seu discurso de rei, para anunciar à nação que a Inglaterra, sem outra alternativa, entraria na Segunda Guerra Mundial, ele foi totalmente comovente, reconfortador, apoiou os patriotas civis e militares, a ponto de fortalecer o ânimo de todos para enfrentarem os dias difíceis que viriam. O Duque de York, o Rei George VI, havia reconhecido, confrontado e superado seus fantasmas internos e retomado o seu controle emocional.

Em especial, nos tempos um pouco mais antigos, até duas ou três gerações atrás, os pais, com raras exceções, não eram nada amorosos com os filhos. O normal naquela época era que fossem extremamente rigorosos, sendo que criar e educar filhos envolvia castigos, disciplinas rígidas e o respeito incondicional no dia a dia. Começar a trabalhar muito jovem também era algo bastante comum.

Como uma consequência natural desse tipo de educação, é bastante comum observar que os pais de hoje, pelo menos em sua grande maioria, ressentidos dos sofrimentos e carências de sua infância, desejam evitar que seus filhos passem pelo mesmo, e fazem de tudo para oferecer uma vida melhor para eles. Até aqui, tudo parece fazer sentido e ser considerado bastante normal. O problema surge quando esse modelo na forma de educar os filhos despreza, ou mesmo inverte totalmente os valores de família – situação em que aparece a figura da superproteção e do excesso de liberdade e, com isso, a permissividade.

Dessa forma, é bastante comum observar que tanto o modelo rígido e desamoroso quanto o estilo permissivo são extremos de formas de educação que prejudicam a saúde mental e física na formação dos filhos. A cobrança exagerada, o desamor e o trabalho precoce causam tantos malefícios quanto a superproteção no tocante aos desequilíbrios emocionais e de personalidade que os filhos poderão carregar e sofrer pelo resto de suas vidas, caso não os identifique e os confrontem a tempo.

Com isso, podemos dizer que a vida de Chico não foi diferente da grande maioria das crianças de sua época. Nascido no interior do Estado do Paraná, em uma família humilde, de oito filhos, sendo ele o mais velho, é possível imaginar as dificuldades enfrentadas durante a sua infância. Sua mãe, filha de italianos, adotava um estilo rigoroso com os filhos, conforme ela havia sido criada. Sozinha para comandar a família, com o pai do Chico ausente, ela era brava e exigente na sua tarefa de educar os filhos, discipliná-los e pôr ordem na casa. E, com certeza, isso fortaleceu a formação de sua personalidade, embora também tenha acarretado algumas sequelas mais difíceis e menos desejáveis, que ele teve que resolver já na vida adulta.

A música tocava em alto volume. Esse era o aviso para o grupo retornar à sala onde o treinamento estava sendo realizado. Chico veio do jardim um tanto pensativo e chegou à porta do amplo salão, de onde avistou que várias pessoas lá dentro já estavam sentadas em seus tatames. Caminhou então em direção ao seu lugar e se acomodou rapidamente.

Ao som de uma canção suave, viajou em memórias e devaneios. O volume da música foi diminuindo e ele pôde ouvir a voz da instrutora ao grupo:

— Procurem relaxar, respirem fundo e fechem os olhos. Vamos fazer uma viagem ao passado. Imagine você ainda criança, na idade entre cinco e sete anos, brincando em sua casa, no seu lugar preferido... – uma pausa proposital na voz dela permitiu que Chico viajasse no tempo. — Agora imagine que ouviu o ruído de sua mãe se aproximando. Ela chega perto de você e faz cafuné no seu cabelo. Então, faz cosquinhas na sua barriga e depois na solinha dos seus pés.

Chico buscou na memória a cena sugerida, mas não encontrou nada. Apenas percebeu que a sala estava em silêncio profundo, não escutava nem o ruído de uma mosca. Ele procurou se concentrar e, de olhos fechados, mais uma vez, se esforçou em resgatar do fundo da memória alguma cena de carinho envolvendo a sua mãe, mas... nada. Foi então que sentiu a sua respiração pesada – estava ofegante. Intuitivamente, abriu os olhos e olhou para o lado esquerdo, na direção em que uma de suas irmãs estava sentada – haviam decidido fazer o curso juntos.

Entreolharam-se com cara de interrogação. Chico disse:

O domador de tempestades

— Eu não me lembro de nenhuma ocasião em que recebi carinho ou cosquinhas assim! O que me lembro, continuou, é de nossa mãe com uma cinta de couro na mão, me castigando e dando umas cintadas nos nossos irmãos também. A sua irmã olhou séria e respondeu:

— Eu também só me lembro da cinta. E os dois caíram na risada.

Foram interrompidos pela música que voltou a tocar alto novamente.

A instrutora voltou a dar instruções, falando como se estivesse se dirigindo pessoalmente a cada um dos participantes:

— Muito bem. Concentre-se, respire fundo mais uma vez e mantenha os seus olhos fechados. Volte a imaginar você ainda criança, na idade de cinco a sete anos. Enxergue-se em algum lugar preferido da sua casa. Agora é o seu pai quem se aproxima, olha, sorri e dá um forte abraço em você. Ele beija o seu rostinho com carinho e amor. Observe o que sente naquele momento.

Chico fez um esforço mental para encontrar uma cena dessas em sua infância. Não lembrou de nada parecido. De sobressalto, abriu os olhos. Virou-se para a esquerda e olhou para sua irmã. Ela continuava sentada na mesma posição, curvada para frente, imóvel e de olhos fechados. Chico virou-se para o outro lado, como que tentando esconder as lágrimas que corriam por sua face. Não queria que a sua irmã abrisse os olhos e percebesse sua emoção e tristeza.

Com a música ainda tocando alto, a instrutora continuou:

— Não se preocupe com o que está sentindo agora. Está tudo bem, você vai ficar bem. Continue concentrado, de olhos fechados, e respire fundo novamente. Agora, você vai imaginar uma criança nessa mesma idade, entre cinco e sete anos, que se encontra perto do fogão na cozinha de uma casa. Dessa vez, é você quem chega, olha para ela, mas não consegue ver o seu rosto, porque ela está de costas. Vai se aproximando e percebe que a criança está chorando. Você chega mais perto dela, escuta o seu choro, soluços e vê que ela está tremendo. Ao perceber a sua presença, ela vira e olha direto nos seus olhos. Você vê que ela é você quando tinha aquela idade...

Sinta a emoção desse momento. Abrace-a com carinho. Acolha essa criança em seus braços. Encoste o seu rosto no dela. Acaricie os seus cabelos e diga:

— Está tudo bem. Estou aqui. Você é muito querida. Eu te amo...

Foi então que o silêncio do salão se quebrou e deu lugar a choros e gemidos. A instrutora seguiu falando, com voz doce, acompanhada de uma música suave e agradável ao fundo. Procurou confortar e orientar a todos em relação àquela experiência, realçando a importância de termos a nossa criança interior sempre presente, protegida e aconchegada em nossa mente e coração. Então concluiu:

— Nunca se esqueça de acolher e estar com a sua criança interior.

O garoto Chico cresceu vendo a relação conturbada de seus pais, sofreu com isso, com as cobranças da mãe, com a ausência do pai e a falta de carinho de ambos. Como consequência, carregou pela vida sentimentos, emoções e frustrações que precisaram ser trabalhadas, para que ele pudesse realizar seus sonhos, cumprir sua missão e ser mais feliz. E foi com um trabalho intenso e dedicado, inclusive com muitos cursos e treinamentos como o do exemplo anterior, que ele conseguiu ressignificar o seu passado e construir uma vida plena.

Apesar de todas as dificuldades enfrentadas, Chico se considera afortunado, diante de tantas outras pessoas que sofrem sem nem mesmo saber que a origem dos seus problemas se encontra nos traumas de infância. Encontrar seus mestres, fazer treinamentos, dedicar-se ao autoconhecimento, encontrar ferramentas para encarar seus fantasmas internos, confrontar seus bloqueios, medos, inseguranças, timidez, e limpar tudo para poder evoluir e realizar seus sonhos são dádivas as quais ele recorre e rende graças dia após dia.

Chico aprendeu a perdoar e sabe o valor do perdão. Não guarda mágoa nenhuma, nem de seu pai e muito menos de sua mãe, pois sabe que, com as limitações de sua época, sua simplicidade e carências, ela fez o melhor que pôde para criar os filhos. Não foi com cafunés, mas, sem dúvida, foi com muita luta, muito trabalho para alimentá-los, protegê-los, educá-los, impor respeito e manter os irmãos unidos. No lugar de mágoas, Chico admira o seu pai, sua luta e sua causa, como admira a sua mãe, sua energia, firmeza, assertividade e defesa da honestidade. Tudo isso graças a um trabalho intenso de resgate emocional que decidiu fazer a partir de um ponto de sua vida.

Valter Assis

O encontro com Deus
e com um novo mestre

*"Nada é mais importante do que se
reconectar com sua felicidade."
(Deepak Chopra)*

Para construir saúde e prosperidade em sua vida e expandir os seus horizontes, é preciso sair do seu conforto e batalhar por aquilo que deseja. É necessário ter coragem e determinação para lutar por aquilo que você sabe que o fará feliz e realizado. Em especial, acreditar que pode realizar tudo o que sonha.

É claro que a vida vai testar você. E também é certo que haverá momentos em que suas forças e a sua compreensão irão parecer insuficientes para o que precisará enfrentar. Mas é nessas horas de maior provação que você vai experimentar o seu encontro legítimo com Deus. E, muitas vezes, será por meio do conselho de um mestre, de um amigo, de um mentor que tenha interesse legítimo em ajudá-lo a ter sucesso e ser feliz.

Chico não saía nem um dia sequer para uma nova jornada de trabalho sem antes dar graças por todas as conquistas que tinha obtido na sua vida. Agradecia sempre ao Criador por ter conseguido estudar, por ter uma carreira e por ter formado uma família. Porém, duas coisas que faziam parte de seus sonhos ele ainda não tinha conseguido: ter boa saúde e ficar rico! A primeira o irritava terrivelmente, porque o debilitava e não permitia que desse o seu máximo no que fazia, e a segunda o desafiava a descobrir a estratégia para o sucesso.

Num domingo à tarde, com um calor de quase 35 graus, Chico tentava descansar na rede à sombra da varanda da sua casa. Em vez disso, a asma não o deixava respirar. Sofria com essa doença desde a infância e havia experimentado todo tipo

O domador de tempestades

de tratamento, desde injeções de penicilina, chás de todo tipo, comprimidos e até mesmo operação espiritual, e o máximo que tinha conseguido era passar alguns períodos de poucos meses sem as crises.

Levantou-se desolado e foi ao banheiro. Olhando-se no espelho com a cara franzida, sentiu-se irritado e cansado de lutar contra a perseguição e insistência da doença. Levantou o seu pensamento a Deus e perguntou:

— Senhor, o que é que desejas de mim? Qual é a minha missão nesta vida? O que devo fazer? Se tenho que cumpri-la, o que faço para ter saúde? Mas, se eu não tiver, por favor, tire a minha vida aqui, agora, pois eu já não aguento mais essa doença.

Quando terminou a conversa com Deus, transpirava e chorava, pois havia se desesperado diante do espelho e a emoção viera muito forte. Em seguida, acalmou-se, ficou em silêncio, num vazio, sem pensar em mais nada. Então, com ar de interrogação no rosto, percebeu algo simples, mas que o impactou: não havia acontecido nada. Ele não havia morrido. Ao contrário, se sentia mais vivo do que nunca.

Lavou o rosto e saiu devagar do banheiro. Não tinha certeza de que o fato de não ter morrido era uma resposta de Deus para ele, ou se, na verdade, Ele nem mesmo o tinha ouvido. Atônito, não sabia o que fazer. Resolveu dar uma volta no quarteirão.

Ao passar em frente à banca de jornais onde costumava comprar o seu jornal todos os domingos de manhã, um livro chamou a sua atenção. Pegou-o na mão e começou a folheá-lo. Leu alguns títulos: a lei da potencialidade pura. A lei do Darma ou do Propósito de vida. "O que será isso?" – perguntou-se.

Fechou o livro e voltou a olhar a capa: "As 7 leis espirituais do sucesso[1]". Nisso, escutou uma voz do seu lado:

— Moço! Moço!

Virou-se e viu ao seu lado uma senhorinha, de uns 80 anos, com um lenço florido na cabeça. Ela usava uma blusa branca de lã, mesmo diante de um calor de 35 graus.

— Sim, respondeu ele.

— Esse livro tem muito poder – disse ela. — Mas só se você praticá-lo diariamente – completou.

Ele voltou a abrir o livro e leu numa das páginas, logo no início: "Existe poder no conhecimento, no desejo e no espírito. E esse poder que habita em você é a chave para a criação da saúde e da prosperidade".

— Interessante – comentou.

Não ouviu a resposta da senhorinha e logo percebeu que ela não estava mais ao seu lado. Estranho – pensou! Dirigiu-se ao caixa, pagou pelo livro e voltou para casa.

---

1 *As sete leis espirituais do sucesso* é um livro de autoajuda do autor e médico Deepak Chopra, inspirado em conceitos hinduístas e espiritualistas.

Durante aquela tarde, leu aquele livro e se pôs a pensar em todas aquelas novas ideias. Permaneceu um tempo ainda pensando em sua história de vida, nos desafios, nos estudos, na saúde, nas conquistas e na sua condição atual. Já era noite quando pegou o telefone e marcou um almoço, no dia seguinte, com um amigo italiano com quem trabalhava.

Na segunda-feira, durante o almoço, conversou com o seu amigo sobre a condição de vida deles. Tinham começado a trabalhar na mesma empresa praticamente com a mesma idade e já haviam se passado dez anos. Comparavam os seus estilos de vida até aquele momento, pensavam em como estavam com suas famílias, em relação ao dinheiro e à saúde.

— *Estamos mesmo fazendo o que gostaríamos de fazer? – perguntou o seu amigo.*

— *Qual é a vida que estamos vivendo? – respondeu Chico, com outra pergunta.*

De repente, pareceu que ambos estavam em uma mesma fase de questionamento da vida. Entreolharam-se e voltaram a questionar:

— *O que devemos fazer de diferente para viver bem e melhor, de agora em diante?*

— *Como viver com equilíbrio entre o trabalho e a vida?*

Chico retirou do bolso um folheto que recebera pelo correio, para o qual até aquele momento não tinha dado muita atenção. Havia sido enviado pelo Instituto de Estudos Interiores[2] e falava sobre o curso de prosperidade e cura das relações, e também sobre um curso preparatório de yoga arhática[3].

Mostrou-o ao amigo e eles, avaliando o material e deixando de lado todas as reservas que tinham quanto ao misticismo, considerando que não tinham nada a perder, resolveram participar dos workshops ministrados pelo mestre filipino Choa Kok Sui.

Foi uma experiência ímpar. Durante quatro dias, Chico foi desafiado a escrever sobre o seu propósito de vida – e todas as suas verdades – e a definir ações concretas no processo de montagem do seu plano de vida. Recordou com detalhes os ensinamentos do Dr. Yum, o seu primeiro mestre coreano, criador da Unibiótica e do Diagnóstico Visual do Homem[4].

O Dr. Yum havia ensinado a ele que as enfermidades surgem a partir do conflito entre a personalidade e a própria alma. Tudo o que afeta a mente afeta o corpo, e vice-versa, por estarem interligados. A partir desse raciocínio, Chico incluiu no seu plano de vida as ações para praticar, agora de forma rotineira, os hábitos que levam a ter boa saúde, melhor disposição e maior produtividade, por meio da harmonia nas áreas física, mental, emocional, espiritual e financeira.

Tudo foi acontecendo em uma espécie de "feliz coincidência". Ele pôde comprovar o poder do plano de vida na continuidade de sua carreira, de forma equilibrada com a

---

2 Institute for Inner Studies: http://www.instituteforinnerstudies.com.ph/
3 Também chamada de "A síntese das yogas". Consiste na prática de ativar os chakras sistematicamente de maneira a chegar a um nível mais elevado de iluminação e expansão da consciência.
4 Jong Suk Yum

O domador de tempestades

sua vida pessoal. A cada meta realizada do seu plano de vida, ele se sentia agradecido, com energia e motivado para realizar as demais ainda com mais dedicação.

Chico passou a participar de praticamente todos os treinamentos do Mestre Choa Kok Sui, quando ele vinha ao Brasil, como Pranic Healing Course, Prosperitu Course, Arhatic Yoga Preparatory, Pranic Feng Shui e Higher Clairvoyance.

Intuição ou não, místico ou não, a verdade é que a decisão de participar dos workshops havia aberto uma "janela" para uma experiência mágica no processo de evolução de Chico para se tornar um curador. Em um desses workshops havia uma frase que dizia "Em um futuro próximo, os anjos de cura e seus praticantes cooperarão mais ativamente uns com os outros, de modo a produzir curas milagrosas ou imediatas em larga escala". Chico gostou dessa ideia e a assumiu para si como um compromisso, como parte clara de sua missão de vida.

Conta uma lenda que havia um rei muito inseguro, que pediu aos sábios da corte que elaborassem uma frase mágica que pudesse funcionar em qualquer época ou situação de perigo e desespero. E eles assim fizeram. Porém, para a magia funcionar havia uma condição: ele somente poderia ler a frase numa hora de extremo perigo, quando não houvesse outra saída. O soberano, agradecido, concordou com a condição e guardou o papel sob a pedra de seu anel.

Em certa ocasião, o reino foi invadido e o monarca teve que fugir a cavalo. Para piorar as coisas, na fuga ele se perdeu e se deparou com um imenso precipício. Não havia saída, pois os inimigos viriam logo atrás dele. Desesperado, o rei se lembrou do anel e então leu a mensagem: "Isso também vai passar". E uma profunda paz baixou sobre ele, tanto que demorou a notar que os perseguidores haviam perdido o seu rastro.

Na celebração de sua vitória, contudo, o rei teve outra lição. Ele já estava todo orgulhoso, achando-se o rei dos reis, quando se lembrou de novo do anel. Resolveu ler novamente a frase: "Isso também vai passar". E, naquele momento, sumiu o seu orgulho, restando apenas a paz que sentira antes.

Essa é a lição: todas as vezes em que você se encontrar em um beco sem saída, na beira do precipício, lembre-se: "Isso também vai passar". Toda vez que se achar em uma situação de euforia e felicidade extrema, recorde-se: "Isso também vai passar".

Na maioria das vezes, a solução de um problema está dentro do próprio problema e reside na forma mais simples que se pode imaginar. Na busca por soluções dos problemas, é por meio da intenção e do desejo liberados ao universo que elas irão surgir.

Seja qual for a sua realidade hoje, ou quais sejam os seus problemas, neste livro, você vai aprender na prática como é possível conquistar aquilo que é mais importante na sua vida: a paz para passar pelas dificuldades com serenidade e fé. Você identificará o que está acontecendo na sua vida hoje e como despertar para uma vida equilibrada, obter mais energia e entrar num estado de alta motivação e performance.

Tudo se torna possível quando você usa a estratégia correta, quando você tem um método que o suporta na sua luta em busca do sucesso e da felicidade. É sobre esse método que vamos falar a partir de agora.

Os mestres e os ensinamentos que deram certo

"Não há como um grande segredo para ser divulgado depressa."
(Machado de Assis)

As pessoas vivem uma vida sem saúde e prosperidade, uma vida limitada, por estarem presas a uma falsa zona de conforto, sem coragem para lutar por aquilo que imaginam que traria felicidade e realização. Acomodam-se em uma situação insatisfatória e matam todas as possibilidades de viverem uma vida extraordinária. Realizam pouco e desfrutam menos ainda.

Com relação a esse tipo de comportamento, existe uma frase que gosto muito, de Franklin Delano Roosevelt, ex-presidente dos Estados Unidos, que diz "é melhor lançar-se à luta em busca do triunfo, mesmo expondo-se ao insucesso, que formar fila com os pobres de espírito, que nem gozam muito nem sofrem muito. E vivem nessa penumbra cinzenta sem conhecer nem vitória nem derrota".

A bem da verdade, muitas pessoas acreditam que não conseguirão ter sucesso, porque nunca tiveram as condições ideais para vencer na vida. Justificam os seus fracassos, em vez de usar suas dificuldades como motivadores para luta. É preciso acabar com as desculpas e com o vitimismo e começar a assumir o protagonismo na sua própria vida. Existem algumas lições que Chico nos traz neste livro que podem ser usadas como inspiração para que você se torne cada vez mais protagonista nessa sua aventura pela vida.

O domador de tempestades

Dando a volta por cima

> *"As dificuldades são o aço estrutural*
> *que entra na construção do caráter."*
> *(Carlos Drummond de Andrade)*

Chico teve um pesadelo. Mais do que isso, foi uma espécie de premonição, como ele viria a confirmar depois. Estava em um transporte coletivo, um ônibus, que seguia velozmente por uma das avenidas da zona sul de São Paulo. Próximo da catraca, ao lado do cobrador, num dos bancos laterais, estava sentado. Do outro lado, em frente a ele, estava o seu ex-chefe. Durante cinco anos aquele homem havia sido o diretor de recursos humanos da empresa em que trabalhou. Porém, havia passado por tantos reveses que acabou por ser desligado da empresa, quando houve uma reestruturação. Chico foi quem ficou no lugar dele, indo posteriormente de supervisor para o cargo de gerente e então para o de diretor.

O homem alto, forte e de bigode imponente, que carregava embaixo do braço a sua característica pasta executiva marrom, levantou-se, pagou a passagem e desceu em frente à empresa em que Chico trabalhava. Da janela do ônibus ainda parado, Chico pôde vê-lo abrindo o portão de madeira. Antes de entrar, virou-se, olhou sério para a janela onde estava Chico e acenou com a mão, dando um "tchauzinho".

Chico acordou assustado, olhou para o relógio em cima do criado-mudo e viu que marcava 4h15. Que pesadelo estranho foi esse? – pensou. Mas logo deixou de lado esses pensamentos, preparou-se e saiu para o trabalho.

Chegou ao prédio da empresa pontualmente às 7h45, como costumava fazer todos os dias, quando não estava em viagem. Cumprimentou o porteiro, estacionou o carro, pegou um cafezinho na copa do piso térreo e subiu para sua sala, no terceiro andar.

O chefe chegou poucos minutos depois das oito horas e foi direto ao seu escritório, que ficava do outro lado do salão. Disse formalmente:

— Bom dia, Chico. Por favor, venha até a minha sala. Precisamos conversar.

Chico assentiu com um movimento de cabeça e se levantou para seguir o chefe.

Era dia 24 de janeiro daquele ano. Exatamente um ano antes, em uma conversa com o seu professor Roger, de inglês, Chico tinha discutido as vantagens e desvantagens de ficar tanto tempo em uma única empresa. Naquela ocasião, percebeu que embora já ocupasse um cargo de diretoria na empresa em que trabalhava, gostaria de ampliar horizontes, enfrentar novos desafios e ter experiências vivendo em outros países. Para ele, esse caminho parecia uma evolução natural e necessária. Com esse pensamento em *mente, como já estava avançado no aprendizado do inglês, iniciou também aulas de espanhol, pois considerava que precisava conhecer um pouco desse idioma.*

Chegou à porta da sala de seu chefe. Pediu licença e entrou.

— Sente-se, Chico – disse o seu superior. Receio não ter uma boa notícia para você – ele continuou, com a expressão bastante séria.

— O que aconteceu? – Chico perguntou.

— Você foi demitido.

Chico ficou parado, olhando para o chefe, meio sem entender o que estava acontecendo. Ele sabia que ninguém é insubstituível, mas, sinceramente, não esperava por uma notícia desse tipo tão repentinamente.

— Estamos reestruturando – o chefe explicou. — E vamos descentralizar a sua diretoria. Os gerentes que se reportam a você irão reportar-se diretamente aos das unidades de negócios.

— Certo, chefe. Sem problemas – foi tudo o que Chico pôde dizer naquele momento.

— Se desejar, pode ficar até o final deste mês, para fazer os contatos que precisar e retirar as suas coisas.

Como dizem os caça-talentos, o processo de contratação de um profissional demora dois meses e o de demissão, dois minutos. Depois de dez anos ocupando um cargo de alto escalão na empresa, foi exatamente assim que ocorreu, mas Chico não ficou "chorando as pitangas". Resolveu pegar suas coisas no mesmo instante e voltou para casa, sem se despedir do pessoal. Não queria tornar aquele momento mais difícil do que já era.

Era pouco mais de nove horas quando ele já estava de volta ao seu apartamento. Dirigiu-se ao quarto, enquanto retirava a sua gravata apertada. No fundo do corredor viu no espelho decorativo a sua imagem refletida, de corpo inteiro. Aproximou-se e olhou o seu rosto franzido, num ar de preocupação. Sim, ainda estava em estado de choque, como era de se esperar de qualquer ser humano neste mundo de Deus. Continuou a olhar para sua imagem e uma lágrima escorreu pelo seu rosto. Perguntou-se, lembrando as falas do poeta[5] :

— E agora, José? A luz apagou, a festa acabou, o povo sumiu, e agora, José?

Trocou de roupa, colocando algo mais confortável – afinal, tudo o que ele não precisava naquele momento era de roupa que o sufocasse física, mental e espiritualmente. Sentou-se no sofá da sala e pôs-se a pensar na sua situação.

Lembrou-se das conversas que tivera havia algum tempo, durante o almoço com um amigo italiano, em que questionavam o sentido de suas vidas. Também se recordou da conversa com o seu professor de inglês. Trouxe de volta à memória os questionamentos sobre se estariam fazendo da vida deles o que gostariam de fazer,

---

5 Poema "E agora, José?", de Carlos Drummond de Andrade.

O domador de tempestades

sobre a prosperidade financeira e sobre o desejo de ter uma carreira internacional, residindo em outros países. Lembrou, inclusive, que havia colocado isso no seu plano de vida, quando fez o treinamento de prosperidade e cura das relações, com o mestre filipino Choa Kok Sui.

De repente, arregalou os olhos e perguntou-se:

— Será? Será que chegou a hora? Será essa a oportunidade de materializar esses meus desejos? Será que é o universo me dando o empurrão que eu precisava para sair do comodismo e seguir em busca de novos desafios?

Acalmou-se e resolveu sair para caminhar nas praças do bairro onde morava. Havia muito verde, eucaliptos e outras árvores, além de uma pista para caminhar, local em que ele gostava muito de estar. Ultimamente, não passeava muito por ali, pois não tinha tempo. Porém, naquele dia, se sentia livre e caminhava sem pressa e com pensamentos mais amenos. Em sua mente, surgiu novamente aquele ensinamento que dizia: "isso também vai passar". Acalmou-se e procurou focar os seus pensamentos em boas coisas, imaginando as novas perspectivas que se abririam a sua frente.

Depois de dez dias, foi chamado ao escritório da empresa para o acerto de contas e a baixa na carteira de trabalho. Foi atendido pelo supervisor de pessoal e um representante do Conselho de Relações Públicas, que homologou a rescisão do contrato de trabalho. Saiu rapidamente, cumprimentando apenas algumas pessoas que cruzaram o seu caminho nos corredores da empresa. Despedidas sempre são difíceis, principalmente quando se tem que dar explicação.

Em lugar disso, Chico preferiu ir para casa, redigir um e-mail carinhoso a sua equipe, pares e colegas de trabalho, afinal o trabalho e o emprego mudam, mas as pessoas conquistadas ficam para sempre na nossa mente e no nosso coração. Deixamos a nossa marca no coração delas e elas no nosso.

Com a indenização recebida, rumou direto ao escritório de uma construtora, para assinar o contrato da construção de sua casa. Dentro de um mês, viu a terraplenagem e as obras se iniciarem. Depois de um ano, recebeu as chaves da casa, onde havia investido até o último centavo que tinha recebido como direitos pagos pela empresa que o demitiu.

Nesse ínterim, tirou um período sabático de 30 dias, viajou para Miami, fez um passeio pela Flórida, participou de processos de seleção em algumas empresas, sem resultados que valessem a pena. Foi contratado por um ano como consultor autônomo, para implantar os processos-chave de gestão de pessoas na filial de uma multinacional do ramo de diagnósticos.

Assim que recebeu as chaves de sua nova casa, após concluir o seu contrato de um ano como consultor, Chico viajou para as merecidas férias na cidade paradisíaca de Cabo de Santo Agostinho, um município brasileiro, no Estado de Pernambuco, conhecido nacionalmente pela beleza de suas praias.

No primeiro momento em que colocou a sua cadeira na areia da praia, o celular tocou. Por que cargas d'água eu trouxe o celular? – pensou. Mas resolveu atender e ficou sabendo que uma empresa caça-talentos o havia encontrado e agendaram um compromisso para quando voltasse das férias.

Terminadas as férias, Chico foi direto para o processo de entrevistas com a empresa. Passou em todas as etapas iniciais e uma semana depois seria entrevistado em português, espanhol e inglês, por três executivos da empresa. Passou em todas as entrevistas e recebeu uma proposta irrecusável, para trabalhar no exterior. Voltou a pensar que o universo novamente conspirava para que o seu antigo sonho se realizasse.

Chico fechou contrato com a empresa e deveria iniciar o seu trabalho dentro de um mês, no escritório central da empresa, em San José, na Costa Rica. Porém, como se diz popularmente, "a vida é uma caixinha de surpresas". Sua esposa disse que não iria viajar com ele. E mais, depois de cinco anos juntos, resolveu pedir a separação e a guarda da filha de um ano.

Querer residir e trabalhar em outro país é no mínimo instigante e de inegável aprendizagem, porém há de se considerar os desafios de adaptação e de superação das diferenças, que são enormes e somente quem passa por uma experiência dessas entende o que isso significa. Chico estava disposto a enfrentar aquele desafio, mas deixar para trás esposa e filha não fazia parte de seus planos. Não estava ao seu alcance mudar aquela situação, àquela altura dos acontecimentos. Teve que aceitar os fatos e seguir adiante.

Exatamente um mês depois, da janela do oitavo andar do hotel onde se hospedara em San José, Chico podia avistar o edifício onde a cada dia teria que travar uma nova batalha, enfrentar uma nova cultura, um novo idioma e as responsabilidades do cargo que assumira. Sofria, sim, com os sentimentos de perda, com a separação e a filha deixada para trás, com a autoestima abalada, mas repetia sempre o seu mantra "isso também vai passar". Repetia também, com a força de todas as células de seu corpo, um pensamento que o fortalecia: "Hoje começo uma nova vida. Saudarei este dia com amor no coração".

Os segredos que haviam sido revelados pelos seus mestres Jong Suk Yum e Choa Kok Sui foram a chave para o sucesso do Chico, tanto nos aspectos da saúde quanto à prosperidade. Para praticá-los da forma correta e para aumentar a energia necessária para o estado de alta performance, ele recorreu a ferramentas poderosas. Uma delas, chamada de "Os dez pergaminhos[6]", ele aprendeu com um grande guru da área de vendas.

Todas as manhãs, antes de sair para trabalhar, Chico olhava pela janela em direção ao seu novo prédio de trabalho e recitava, pausadamente, mas com muita energia:

---

6 Os dez pergaminhos, do livro *O maior vendedor do mundo*, de Og Mandino, escritor nascido na Itália e que viveu nos Estados Unidos da América, considerado um "guru" do setor de vendas.

O domador de tempestades

"persistirei até alcançar o êxito"; "eu sou o maior milagre da natureza"; "viverei hoje como se fosse o meu último dia"; "hoje serei dono de minhas emoções"; "rirei do mundo"; "hoje centuplicarei o meu valor"; "agirei agora" e, finalmente, "orientai-me, meu Senhor". Assim, seguia em frente com a certeza de que estava cumprindo a sua missão de vida e, de alguma forma, contribuindo para que o mundo se tornasse um lugar melhor para viver.

Quem cria o seu mundo? Ninguém mais do que você, é claro. Os impulsos de alegria e informação que criam as nossas experiências refletem em nossas atitudes diante da vida, que são o resultado e a expressão dos impulsos de energia e informação que nós geramos. Tudo em um círculo virtuoso que nos leva à elevação e ao crescimento – ou em um círculo vicioso, que nos leva à perdição e ao fracasso, se optarmos pelos caminhos errados. Mas, que fique claro que a decisão sobre qual caminho tomar é sempre nossa. É a partir dessa decisão que depende a qualidade da energia que geramos e que lançamos no mundo.

Deepak Chopra, médico indiano e também escritor e professor de Ayurveda e espiritualidade, descreve assim a nossa realidade:

> Por trás da roupagem visível do universo, além da miragem das moléculas, ou da ilusão do que é físico, jaz uma matriz invisível, feita de nada. Esse nada invisível silenciosamente orquestra, instrui, orienta, governa e obriga a natureza a expressar-se com infinita criatividade, infinita abundância e inabalável exatidão, em uma miríade de estilos, padrões e formas. As experiências da vida são o movimento contínuo dessa matriz do nada, desse movimento tanto do corpo quanto do meio ambiente. São nossas experiências de alegria e tristeza, de êxito e fracasso, de fortuna e pobreza. Todos esses eventos são aparentemente coisas que nos acontecem, mas, em níveis mais primordiais, somos nós que as fazemos acontecer.

O método que você está aprendendo aqui é o mesmo que Chico aplicou durante toda a sua vida, que o ajudou a conquistar sucesso, mesmo tendo vindo de uma origem tão humilde e sem recursos. Ele aprendeu com seus mestres e também com a vida, vivendo cada dia com intensidade e propósito e nunca se deixando desanimar, mesmo nos momentos mais difíceis.

Ele aplicou esse método rigorosamente na sua vida e esse foi o segredo para sair da condição de pés no chão e chegar a executivo bem-sucedido e re-

alizado. Chico ensinou também o método para suas filhas e para dezenas de profissionais em organizações multinacionais, onde trabalhou e foi responsável por programas de desenvolvimento e de bem-estar com resultados excepcionais. Em todos os casos em que o método foi aplicado, o sucesso foi sempre comprovado. Portanto, tudo leva a concluir que ele pode funcionar também para você e transformar a sua vida na direção da realização dos seus sonhos.

Você é o único responsável pela sua saúde

> *"A saúde, como a fortuna, deixa de favorecer os que abusam dela."*
> *(Saint-Évremont)*

Não adianta reclamar, não faz sentido questionar, não tem por que procurar culpados. A verdade é uma só: você é o único responsável pela sua própria saúde. Duvida? Então vamos acompanhar um pouco mais o Chico, na sua luta em busca da cura para suas enfermidades.

O padre parou seu fusca em frente ao portão enorme, feito de troncos de madeira. Desceu, abriu e foi estacionar próximo da entrada do antigo seminário. O jovem adulto desceu gemendo, segurando o braço esquerdo. Chico tremia de dor e de frio. Era inverno, o vento soprava. Ele não havia conseguido vestir a camisa, tamanho era o inchaço. Havia tido um derrame no cotovelo esquerdo, enquanto dormia com o braço dobrado, com rompimento de alguns vasos sanguíneos.

Seguiram os dois caminhando e entraram pela porta de acesso ao salão, onde, no dia seguinte, o Dr. Yum ministraria mais um treinamento de Unibiótica[1]. Ele foi na direção do Padre e do Chico, seus amigos e seguidores.

— Olá! – cumprimentou. O que aconteceu? – perguntou.

— Dormi com o meu braço dobrado e acordei assim – respondeu Chico, mostrando o braço.

— Hum... é um derrame, né? – perguntou o mestre.

O padre levou Chico até um quarto e se retirou para ir até o carro buscar as maletas com o necessário para passarem uma semana naquele local. Nem bem o padre saiu e o mestre entrou trazendo álcool, algodão, fósforo, lâmina Gillette e uns potinhos de metal nas mãos.

---

1 Dr. Jong Suk Yum – Diagnóstico visual do homem e ABC da Saúde.

O domador de tempestades

Segurou o braço do Chico e disse:

— Deixa eu ver.

— Ai! Dói muito – reclamou Chico.

Dr. Yum pegou o álcool, umedeceu um chumaço de algodão e passou no braço inchado do garoto, do punho ao cotovelo. Em seguida, pegou a Gillette e, vendo o Chico com os olhos arregalados, disse:

— Olhe para o outro lado.

Bem que o Chico tentou não olhar para o que o mestre fazia, mas tinha tanto medo que olhou e perguntou:

— Não vai esterilizar a lâmina?

— Quem pratica Unibiótica não pega infecção! – Respondeu o mestre, que iniciou o processo de dar pequenos cortes com a ponta da lâmina.

— Ai, ai, ai... – Chico gemia de dor, sentindo o sangue escorrer pelo seu braço, apavorado e, ao mesmo tempo, envergonhado por sentir medo diante do mestre.

Um, depois outro, e mais outro, cinco ou seis pequenos cortes entre o punho e o cotovelo. O sangue continuava escorrendo perto do cotovelo. Dr. Yum deu mais dois cortes mais profundos, um de cada lado.

O padre chegou e olhou um tanto desconcertado. Dr. Yum umedeceu com álcool um dos potinhos que trouxera e disse a ele:

— Acende o fósforo. O padre obedeceu e o mestre pôs fogo dentro do vasinho, que depois foi colocado quente em cima do corte, fazendo uma ventosa.

Chico transpirava, respirava ofegante e gemia, já não sabia mais o que pensar. A cada ventosa que o mestre fazia, quando retirava o potinho ainda morno do seu braço, Chico podia ver escorrendo um sangue escuro, grosso e com espuma.

As ventosas foram assim sendo aplicadas, uma a uma, em cima de cada corte, do punho ao cotovelo, deixando no braço do rapaz uma série de marcas de círculos feitas pelo copinho quente. Ao término desse processo, Chico estava muito assustado e perguntou:

— Não há perigo de infecção?

O Mestre Dr. Yum olhou para ele com desagrado, pegou um algodão embebido em álcool, abaixou-se, passou no chão e depois em cima dos cortes da ventosa – parecia até que estava caçoando da preocupação de Chico. Então olhou para o padre e disse:

— Agora pode enfaixar o braço dele. Depois ele vai descansar.

Algum tempo depois, levaram torradas e uma xícara de chá ao quarto em que Chico reposava. Ele estava exausto e não queria falar com ninguém. Ainda choramingando, comeu as torradas, tomou o chá e se deitou mais cedo. Não pôde dormir direito, pois o braço ainda incomodava. Levantou-se muito cedo, ainda não eram seis horas da manhã. Sentiu fome e foi até a cozinha. Uma das assistentes disse:

—Você está de jejum. Precisa ficar sem comer por três dias!

— O quê? – perguntou Chico, assustado.

— Sim, são ordens do mestre.

— O que eu posso comer, então?

— Somente chá com torradas e caldo de arroz.

— Vou comer só isso por três dias?

— Sim – respondeu a assistente, servindo ao garoto somente o que o mestre recomendara.

Chico comeu e ainda ficou com a barriga roncando.

— Caramba! – disse o garoto para si, e voltou ao quarto.

Encontrou o padre deitando uma mesa de madeira, de modo que o móvel ficasse com duas pernas no chão e duas no ar. Chico perguntou:

— O que você está fazendo?

— Preparando a mesa para você fazer o exercício do vaso capilar, e também o escalda braço. Sabe como funciona? O exercício do vaso capilar da Unibiótica trabalha a circulação, o inchaço e a recuperação de cortes e dores nos membros, pernas, braços e dedos – explicou o padre para o garoto. — Você tem que começar os exercícios já – completou.

— Caramba, padre. Mas isso requer muita disciplina. Não sei se vou conseguir.

— Você consegue sim – respondeu. — Sabe por quê? Porque não pode fazer mais nada senão sarar, certo?

Assim, durante três dias, esta foi a rotina do Chico: chá com torradas e caldo de arroz, exercício do vaso capilar, chacoalhando o braço para cima, preso num dos pés da mesa com a atadura. Quando se cansava, mergulhava num balde dá água quente. Parava de vez em quando para descansar e aproveitava para ler um pouco. Depois de meia hora de descanso, tinha que voltar a repetir a rotina.

Nesses três dias, o mestre não foi visitar o Chico, limitou-se a perguntar para o padre como ele seguia com a recuperação. Somente no final da tarde do terceiro dia ele apareceu na porta do quarto do Chico e disse:

— Deixe-me ver! Hum, já pode ir para casa. Está curado. Você teve muita sorte. – disse.

— Como assim? – perguntou Chico.

— O que você teve foi um chamado da natureza, para mudar sua filosofia de vida e não acabar tendo uma doença grave de verdade.

— Como assim, mestre?

— O seu sangue está muito ácido. Precisa manter sempre um corpo mais alcalino do que ácido, com um nível de pH em torno de 7,4. Precisa equilibrar com a prática da Unibiótica.

Dizendo isso, o mestre alertou Chico que iria começar a instruí-lo para que fizesse as mudanças necessárias em seus hábitos de vida, de modo a preservar a sua saúde em bom estado e promover curas que se fizessem necessárias.

A Unibiótica[2], mais do que ser uma técnica medicinal oriental, propõe uma nova filosofia de vida, um novo padrão de hábitos para ajudar a prevenir doenças,

---

2 https://unibiotica.wordpress.com/2009/04/12/dr-yum-depoimento/

O domador de tempestades

ensinando que cada indivíduo é responsável pela própria saúde e, portanto, por cuidar adequadamente de sua alimentação, sua pele, seus membros e sua mente.

A saúde é o nosso bem maior, porém é uma senhorita bastante melindrosa: ela sempre deixa de favorecer aos que abusam dela.

Para atingirmos saúde total, algo que tanto buscamos, é preciso que nos entreguemos à prática da leveza do ser, da gentileza, da bondade, do perdão, da liberdade, do propósito digno e dos cuidados específicos da saúde física, mental, emocional e espiritual. A prática da compaixão, da gratidão, da resiliência e da criatividade é fundamental para quem quer viver com saúde e prosperidade.

Com o que está aprendendo neste livro, você vai poder comprovar que o sucesso, a saúde e a prosperidade estão ao alcance de todos. E o mais importante: vai compreender que todos têm o direito de ter acesso a uma vida plena, em todos os aspectos de sua existência.

Tudo o que você precisa, inicialmente, é tomar a decisão de cuidar muito bem de si. Cuidar de sua saúde física, mental, emocional e espiritual. Entender que tudo depende apenas do que pensa, mentaliza e faz acontecer. Não adianta reclamar se a sua saúde não anda bem. Você é o único responsável pela forma como está. Então, busque aquilo que o faz mais saudável. Comece aplicando em sua vida os ensinamentos que você está retirando desta nossa conversa, das histórias que o Chico vem nos contando. E, depois, compartilhe com as pessoas tudo o que aprendeu e que o faz se sentir melhor, mais de bem com a vida.

A partir de agora, você tem a oportunidade de começar a praticar alguns dos métodos mencionados. Após o término da leitura, poderá ir até os apêndices, no final deste livro, e fazer exercícios para o seu desenvolvimento pessoal. Eis algumas das ferramentas disponíveis:

Filme Indicado: *Heal – O poder da mente*

O documentário do diretor Kelly Noonan Gores nos leva a uma jornada científica e espiritual em que descobrimos que os nossos pensamentos, crenças e emoções têm um enorme impacto na nossa saúde e capacidade de cura. A ciência mais recente nos revela que não somos vítimas de genes imutáveis, nem devemos nos render a um prognóstico assustador. O fato é que temos mais controle sobre a nossa saúde e nossa vida do que pensamos. Esse filme irá capacitá-lo com uma nova compreensão da natureza milagrosa do corpo humano e do curandeiro extraordinário dentro de cada um de nós.

Apêndice C: avalie o *ranking* das prioridades da sua vida.
Apêndice D: escreva o seu estado de vida atual.
Apêndice E: escreva o estado de vida futura que deseja.

O seu talento é um presente de Deus para você

> "Devemos colocar acima de todas as coisas
> o conhecimento de nosso eu, de nós mesmos.
> O mais útil de todos os conhecimentos é
> o que nos dá a noção exata do que somos
> e nos ensina a dirigirmo-nos na vida."
> (Santo Ambrósio)

O seu talento é um presente de Deus. O que você faz com ele é um presente seu para Deus.

O autoconhecimento é a mãe de todo o conhecimento, de todo progresso pessoal, de todas as suas conquistas pessoais. Sem compreender como você funciona, não poderá ser livre, não governará a si próprio e permanecerá como escravo de suas vontades, mesmo as mais inadequadas. Pior ainda, sem autoconhecimento, você será como escravo do desejo dos outros.

O autoconhecimento é a única ferramenta capaz de levar você à verdadeira liberdade. E o que é melhor: só cabe a você se conhecer. Então, está tudo em suas mãos.

Certa vez, Chico viajou com a família e pararam para jantar frutos do mar, em um local aconchegante, mas um tanto retirado. Porém, uma tempestade havia chegado e a noite estava tenebrosa. Havia acabado a luz elétrica. A única claridade que se via era a dos clarões dos relâmpagos que riscavam o céu, um atrás do outro. Eram seguidos por enormes estrondos de trovões, que ressonavam nas paredes e faziam vibrar os móveis do restaurante.

O domador de tempestades

Haviam chegado ao local por volta das oito horas da noite e já passava das dez quando terminaram de jantar. Os fortes ventos, os galhos e as folhas das árvores que voavam por toda parte tornavam o ambiente ainda mais estranho. Esperaram por mais de uma hora e nada da tempestade parar. Eram mais de 11 da noite quando Chico, observando que a chuva havia diminuído, decidiu voltar com a família para a pousada em que estavam hospedados.

Acionou o controle remoto, abrindo a porta de seu Passat. Correu e abriu as portas do carro para as filhas e para a esposa. Todos embarcados, deu ré, pegou a avenida principal que dava acesso à rodovia Rio-Santos, saindo de Bertioga, sentido ao litoral norte.

Chico dirigia com cuidado redobrado. Como era de seu costume, já havia feito, em silêncio, suas orações pedindo proteção. Não se enxergava nada além do alcance da luz dos faróis do carro. A visibilidade era ainda comprometida pelo lençol de água que batia no para-brisa do carro. O ruído do limpador parecia ainda mais alto do que o normal e a peça corria de um lado para o outro com velocidade, porém não dando conta de retirar toda a água da chuva.

Estava concentrado no volante. Prestava atenção no caminho e esperava ver um dos seus pontos de referência, uma estação da Petrobras que ficava à esquerda de quem estava indo sentido norte, logo antes de iniciar a subida do morro que depois baixava para a praia de Guaratuba. Como o local possuía várias rotatórias com entradas parecidas, temia passar da entrada, ou entrar em algum local residencial desconhecido, onde seria muito fácil se perder. Dirigir nessas condições não é nada agradável, pois exige que se fique em estado de alerta o tempo todo e o condutor se vê pressionado ao extremo pela situação.

Todos no carro estavam em silêncio, após mais de 30 minutos desde que tinham saído do restaurante, tempo que, devido às péssimas condições, pareceu uma eternidade.

— Ainda falta muito, pai? – perguntou uma das filhas.

— Mais ou menos – respondeu Chico.

— Nós não passamos da entrada? – insistiu ela.

— Acho que não – disse.

— Então você não tem certeza? – questionou sua esposa.

— Mais ou menos. Com essa escuridão e tanta chuva, perdi um pouco a noção da distância. E, como dizem, "à noite todo gato é pardo". Todos os caminhos parecem iguais – respondeu ele.

Nisso, Chico teve que frear bruscamente e todos se assustaram.

— O que foi? – perguntaram, quase em uníssono.

As meninas se aproximaram do encosto dos assentos dos pais, tentando ver o que havia acontecido.

— Não sei. O que vi foi um vulto que passou correndo na frente do carro.

— É um gato preto, pai? – perguntou a mais nova.

— Parecia maior que um gato. Talvez um pássaro. – disse.

— Pássaros voam na chuva e no escuro? – perguntou a mais velha.

— Sei lá! – retrucou Chico, achando bastante lógica a pergunta da filha, mesmo sendo colocada em um momento um tanto inadequado.

Nisso, Chico reconheceu a caixa d'água no centro da rotatória que estava à frente. Ufa, finalmente! – pensou. Havia passado o susto maior e ele suspirou aliviado. Saiu da rodovia, virou à direita. A escuridão era total e ele foi dirigindo lentamente pela rua de areia.

Virou à esquerda e depois à direita, e avistou o portão de madeira branca da pousada onde estavam. Desceu, abriu o portão e tentou achar um melhor lugar para estacionar o Passat. Temia uma queda de árvore ou de galhos em cima do carro.

A busca foi em vão. Não havia lugar em que essa segurança pudesse ser obtida. Então, Chico parou o carro o mais perto possível do quarto da pousada, mas, mesmo assim, isso era a uma distância bastante inconveniente, devido à chuva forte que ainda caía.

Desceram do carro e levaram um susto: as luzes se acenderam nos postes, a energia elétrica havia voltado. Os cachorros da dona da pousada começaram a latir, fazendo um barulho infernal. Ainda chovia muito. Era possível ver o lençol d'água caindo e refletindo nas luzes dos postes.

Dirigiram-se apressados até a porta do quarto em que iriam passar a noite. Chico, que seguia um pouco à frente do grupo, subiu os três degraus de escada para abrir o cadeado que trancava a porta. Procurou as chaves que haviam sido entregues na chegada à pousada, e nada. Procurou novamente em todos os bolsos da calça e não as encontrou. Resmungando, desceu os degraus e, molhando-se um pouco mais na chuva, correu até o carro, procurou no console, no porta-luvas, nas laterais das portas e não encontrou.

Voltou correndo e disse para a mulher:

— Não sei onde foi parar a chave do cadeado!

— Você olhou se caiu nos tapetes ou embaixo dos bancos do carro? – perguntou.

Lá foi o Chico novamente na chuva. Abriu o carro, agachou-se em uma posição desconfortável, examinou todos os tapetes, olhou embaixo dos bancos, e nada. Voltou correndo para o quarto.

— Abre logo pai. Estou cansada – disse a filha mais velha.

— Eu sei, espere um pouco – respondeu.

De repente, pensou, virou-se e pegou o cadeado nas mãos. Quem sabe as chaves tivessem ficado no próprio cadeado, quando saíram. Olhou com cuidado e mais uma frustração. As chaves não estavam lá.

O domador de tempestades

— Não é possível, Chico! Por que que você foi fazer isso com a gente? – esbravejou a esposa.

— Ei, espere aí! A culpa não é minha – desabafou.

— Pai, queremos dormir – repetiram as duas filhas.

— Não sei onde a chave foi parar. No desespero, tentou outra ideia: olhou para o cadeado, segurou-o em suas mãos novamente, examinou, puxou, pensando que talvez tivesse ficado aberto, mas estava trancado mesmo. Agachou-se novamente em frente à porta e procurou no chão e nos degraus, mas também não encontrou nada.

— Chame a dona da pousada e peça a cópia reserva da chave – instruiu a mulher, já impaciente.

— Chamar a senhora num horário deste? Deve ser meia-noite! E ainda fazê-la sair nessa chuva? – essa não parecia uma boa opção aos olhos de Chico, mas ele não parecia ter alternativa.

Muito a contragosto, já que não havia outra solução, Chico caminhou em direção ao portão do muro que rodeava a casa. Os cachorros esbravejavam e faziam um ruído mais infernal ainda. Pareciam que estavam derrubando tudo do lado de dentro da cerca. Começou a chamar:

— Senhora, senhora! Pode vir aqui?

Os cachorros latiam tão alto que ele pensou que aquela senhora nunca iria escutar os seus chamados. Chamou novamente, esperou alguns minutos e tornou a chamar. E nada. Pelo visto, somente os cachorros o escutavam.

Um tanto desolado e irritado com a situação, voltou para o quarto correndo, subiu os três degraus, segurou o cadeado novamente com as mãos e disse, como se tivesse algum tipo de poder mágico:

— Abre, abre, abre... – nem mesmo sabia o porquê de estar fazendo aquilo. Na ânsia de resolver o problema, o único instinto que teve foi tentar convencer o cadeado a se abrir.

Como ainda não obteve resultado, irritou-se e começou a chacoalhar o cadeado e a dizer com ainda mais energia:

— Você vai abrir, vai abrir, vai abrir... Falava com toda a força e convicção que tinha.

Sua esposa e suas filhas olhavam para ele, meio sem acreditar no que Chico estava fazendo. Porém, ao cabo de alguns minutos de instrução ao cadeado, ele relaxou. Parecia até mesmo ter desistido de seu intento. Mas, no momento em que soltava o cadeado, todos ouviram um "plac", o estalido característico do cadeado se abrindo. Seria até possível dizer que ele havia "obedecido ao comando mental do Chico", e então se abriu em sua mão.

Enfim, estavam todos tão exaustos com a situação pela qual estavam passando que nem mesmo procuraram entender o que tinha acontecido. Limitaram-se a sair da chuva e correr para um banho quente, depois se deitaram e dormiram.

Na manhã seguinte, o sol nasceu brilhante. Tomaram o desjejum, vestiram roupas de banho, pegaram suas cadeiras e foram direto para a praia. Depois cuido de resolver o problema da chave do cadeado com a dona da pousada – pensou, considerando que, depois daquela noite tortuosa, bem que merecia um descanso na praia.

Chico caminhava na areia, desfrutando da maresia da manhã, quando voltou a sua mente a imagem do ocorrido na noite anterior. Que sufoco! – pensou. O que será que aconteceu com o cadeado, abrindo daquela forma? – questionou-se, intrigado.

Caminhou mais um pouco e chegou perto do rio que separava a praia do morro. Olhou a beleza daquele lugar, virou-se para ver o mar, deu uma leve olhada para trás, para enxergar a sua família. Sentiu-se reconfortado, abençoado e grato por tudo o que tinha em sua vida.

Pensou novamente no cadeado que se abrira e lembrou daquela vez em que ganhara o crucifixo preto, com uma imagem do Cristo em metal prateado, no Bingo da igreja, quando ainda era criança. Tinha certeza de que a sua mentalização naquela época foi o que fez com que fosse sorteado e ganhasse aquele brinde tão precioso, que mudou toda a sua vida. E pensou que talvez também tenha sido a sua mentalização que abriu o cadeado.

— Será? – Chico questionou. Talvez isso faça parte de um talento que eu tenha. Um "talento único" sobre o qual eu preciso descobrir mais – concluiu. Ou, quem sabe, eu apenas precisasse ter um pouco mais de calma e autocontrole, para forçar o cadeado logo de início e perceber que poderia fazê-lo abrir mesmo sem a chave – completou Chico, em seu pensamento, temperando com um pouco de ceticismo, porém, ainda assim, sem perder a fé.

De qualquer forma, ficou mais claro para ele que o autoconhecimento leva ao autocontrole e a decisões e ações mais sensatas e objetivas, levando ainda a melhores resultados. Sem dúvida alguma, precisaria investir mais na tarefa de se conhecer. Até mesmo para investigar esse seu "talento único" e poder potencializá-lo.

O autoconhecimento é a chave para a evolução humana. Dos 7,5 bilhões de pessoas na Terra, apenas 5% tem consciência do seu processo de desenvolvimento. A maioria delas nasce, vive e morre sem nunca saber que isso é possível.

O mais interessante é que o autoconhecimento não vem com o ato de olhar para dentro de nós, mas, sim, com o hábito de olhar para os outros a nossa volta. Os outros funcionam como nossos espelhos, que refletem aquilo que somos. Como disse Sigmund Freud, "ninguém se conhece sozinho, mas sim através de outros".

O domador de tempestades

Conhecer-se leva à descoberta dos seus talentos. Todos nascemos com um propósito na vida, com um dom particular, um "talento único" – só nosso e de mais ninguém – uma habilidade especial que temos para cumprir a nossa missão. Como cada um de nós é um ser único no universo, como não existe um ser humano igual ao outro, é preciso descobrir quais são os talentos que o farão um ser humano completo. Somente assim você será capaz de entender o verdadeiro significado de sua existência, compreender de onde veio, por que veio, para onde vai, e com quem vai.

Descobrir os nossos "talentos especiais" é um exercício constante de autoconhecimento. Com a ajuda de especialistas, treinamentos, ferramentas e observações, podemos elaborar uma lista dos nossos talentos. Depois, poderemos observar as atividades que realizamos com facilidade e prazer, e associá-las ao uso de cada um desses talentos. Assim poderemos realizar coisas úteis para nossa vida e que também serão admiradas e valorizadas pelas outras pessoas. Isso trará mais saúde, abundância e felicidade na nossa vida e na vida de outros.

Como disse o professor e escritor ítalo-americano Leo Buscaglia, "o seu talento é um presente de Deus para você. O que você faz com ele é um presente seu para Deus". Por aí é possível entender a importância de cuidarmos com carinho dos nossos talentos. Pense: o que você quer devolver para Deus, como gratidão por seus talentos?

Invista sempre tempo e energia em autoconhecimento. Lembre-se que entender o significado da vida é privilégio de poucos, porém entender isso é a chave para realizar coisas grandiosas e fazer a vida valer muito a pena.

Você poderá assimilar melhor esse tema fazendo o exercício *Dinâmica da ilha deserta*, no Apêndice F, e assistindo ao filme recomendado a seguir.

Apêndice F: Dinâmica da ilha deserta – Encontre seus valores.

Filme indicado: *Razão versus emoção*[1].

Esse vídeo é a animação que antecede o filme *Divertida mente*. É um curta-metragem que tem o propósito de mostrar como a razão e a emoção funcionam e podem influenciar os comportamentos do indivíduo, caso ele não esteja atento.

---

1 https://www.youtube.com/watch?v=k6AoOGF9ry8

Boa comunicação é o segredo para qualquer relacionamento ser bem-sucedido

> *"A assertividade ajuda os líderes a co-nhecerem melhor as pessoas e é essencial na construção de uma boa comunicação dentro da empresa."*
> *(Gutemberg Leite)*

São muitos os papéis que cada pessoa desempenha diariamente. Por isso mesmo, durante uma interação existe sempre a necessidade de praticar uma comunicação clara e eficaz.

A comunicação é o coração de todo relacionamento entre dois ou mais indivíduos. Ao desenvolver uma carreira, ao se relacionar com o seu companheiro ou companheira, ao tratar do dia a dia com seus filhos, quando interage com amigos ou colegas de trabalho, enfim, em tudo você encontrará várias razões pelas quais ter habilidades de comunicação bem desenvolvidas e eficazes é importante na sua vida.

Tudo o que você diz ou faz se configura como uma comunicação sua com o mundo. Portanto, é preciso ser cuidadoso a todo momento, para que se comunique sempre de maneira amorosa, com apreciação e compreensão. Esse é o segredo para qualquer relacionamento ser bem-sucedido, seja em qualquer área da vida.

Ao longo da vida, Chico teve várias ocasiões em que teve a oportunidade de aprender, experimentar e comprovar a importância de praticar uma comunicação bem-sucedida.

Certa vez, em uma reunião de treinamento de vendas, Chico estava no auditório, junto com os vendedores da empresa. O gerente de treinamento iniciara sua

O domador de tempestades

apresentação com o seu número de magia costumeiro. Tinha à sua frente uma mesa e, em cima dela, um balde de gelo vazio. Ao lado, uma caixa de ovos brancos. Todos estavam atentos e curiosos para saber qual seria a mágica que ele apresentaria.

Era comum que todos fossem ao evento com roupas costumeiras de trabalho, ou seja, paletó e gravata. O apresentador escolheu então um dos vendedores do auditório e pediu sua gravata emprestada.

O público prestava atenção, em silêncio. Ele olhou para o Chico, piscou e falou:

— Venha, eu preciso de um ajudante.

Esperou Chico subir ao palco e entregou uma tesoura na mão dele, dizendo:

— Corte a gravata – disse, segurando as extremidades dela.

— Cortar? – perguntou Chico, olhando para o dono da gravata, que estava com os olhos arregalados!

— Sim – confirmou o gerente.

Então, Chico cortou a gravata bem no centro. O gerente a dobrou e pediu para ele cortar novamente. Segurou outras partes maiores, ainda inteiras e pediu para o Chico continuar cortando. E foi jogando todos os pedaços dentro do balde de gelo.

O gerente fixou sério o dono da gravata e disse:

— Não se preocupe. Vamos fazer uma mágica e devolveremos a gravata inteira.

Em seguida, entregando uma colher de sopa na mão do Chico disse:

— Agora quebre os ovos em cima dos pedaços da gravata, dentro do balde. E pode mexer tudo com a colher. – completou, enquanto punha a mão por cima do balde de gelo e dizia:

— Abracadabra.

Em seguida, virou-se para o dono da gravata e disse:

— Pode vir buscar a sua gravata.

O representante de vendas se aproximou e o palestrante instruiu:

— Não olhe para dentro do balde, para não quebrar o encanto. Estique o braço e vire a cabeça para o outro lado.

O vendedor seguiu as instruções, enfiou a mão dentro do balde e saiu com ela toda melecada de ovos. Todos riram, o palestrante se desculpou com o vendedor pela brincadeira, entregou-lhe uma toalha para que se limpasse e pediu que ele aguardasse sentado em seu lugar.

Assim, o gerente de vendas iniciou o treinamento da escola de vendas para representantes farmacêuticos, dizendo:

— Até os truques de mágica falham. Por isso vocês não devem achar que vender depende de magia. O segredo das vendas está no processo de comunicação – concluiu, dando continuidade ao treinamento.

Na hora do almoço, o gerente de treinamento se aproximou da mesa onde estava o vendedor, dono da gravata destruída, e entregou-lhe, numa bonita embalagem, outra gravata novinha e de primeira qualidade.

Na volta, entrou em cena o supervisor do Chico. Ele subiu ao palco, acendeu a lâmpada do retroprojetor, retirou suas transparências de plástico com sua apresentação da pasta 007 e, visivelmente trêmulo, pegou uma delas e tentou posicioná-la no lugar para a projeção. Todavia, o seu movimento descoordenado fez com que a lâmina de plástico fosse parar no chão, atrás da mesa. Meio desconcertado, pediu desculpas e se agachou, agarrando a transparência com a mão direita e, com a esquerda, ao levantar-se, apoiou na tela de projeção, caindo atrás do palco com tela e tudo, num estrondo assustador e uma cena um tanto até cômica.

Alguns até pensaram que era mais um truque de mágica, mas várias pessoas correram para socorrê-lo. Felizmente não tinha acontecido nada de mais grave. A tela foi posta no lugar, o supervisor retornou ao palco, reposicionou a lâmina no lugar, olhou para a plateia e disse, com certa tranquilidade:

— Hoje o Chico vai apresentar para vocês o regulamento do novo plano de saúde e do seguro de vida. Chico, por favor, assuma daqui.

E desceu do palanque, após introduzir o Chico no mundo das apresentações e da comunicação em público, oficialmente.

Depois de mais de 20 anos de profissão trabalhando unicamente em duas empresas, o seu desejo era ampliar horizontes e assumir uma responsabilidade em âmbito internacional. Apesar de, na ocasião, ele ainda não ser fluente em espanhol, se defendia bem com o "portunhol", mas, por outro lado, dominava bastante o inglês, devido aos anos de trabalho em multinacionais. Foi com esse conhecimento do inglês, e com o espanhol sofrível, que conseguiu passar em todos os testes e entrevistas ao longo de um processo de seleção para trabalhar em uma empresa que o alocou em San Jose, na Costa Rica, América Central.

Logo na primeira semana do processo de integração, uma situação se apresentou como um dos seus primeiros e grandes desafios, que acabou se transformando na coroação de suas habilidades de comunicação. Ocorreu quando foi convidado a fazer parte da primeira reunião do Staff Meeting, reunião mensal da diretoria do grupo, onde cada diretor fazia a apresentação de suas metas e falava sobre o estágio de desenvolvimento de cada uma delas.

Como existiam pontos que requeriam decisões das equipes de diretores, era importante que se fizessem anotações para produzir uma minuta da reunião. E até hoje Chico não sabe dizer o porquê, mas o diretor responsável olhou para ele, justo um estrangeiro recém-chegado, e escalou:

— É você quem vai fazer a minuta.

O domador de tempestades

Foi uma das coisas mais difíceis que Chico teve que encarar, não só pela dificuldade de entendê-los com o seu escasso vocabulário, mas também pela velocidade com que a língua espanhola era falada e, acima de tudo, pela enorme dificuldade de entender os diferentes sotaques dos diretores, já que a equipe era composta por executivos costa-riquenhos, mexicanos, salvadorenhos, colombianos, equatorianos, brasileiros e até suíços.

É claro que a vida não nos deixa esmorecer. Ela sempre nos convida a ir mais além e continuar a evoluir. Afinal, esse é o sentido. A própria palavra vida sugere movimento e evolução. Por isso, certamente a prova de fogo do Chico ainda não havia sido essa. Viria alguns anos mais tarde, quando ele então passou a ser responsável pela estratégia do centro de serviços compartilhados da empresa, onde o setor de desenvolvimento organizacional realizou um mapeamento do fluxo de trabalho em vários países da América Central, Caribe e Andinos.

Como resultado, as atividades foram duplicadas nos países em que poderiam ser centralizadas e surgiu a proposta de um novo organograma, com melhor distribuição das tarefas para aumento da produtividade.

O vice-presidente da empresa estava muito contente com a possibilidade dessa reestruturação e a consequente melhoria nos resultados. De tal forma que, depois de feitas as devidas análises e reuniões gerenciais internas e comprovado por unanimidade que o estudo e a proposta apresentados faziam sentido, decidiram apresentá-los para o CEO da matriz, na Inglaterra. Como responsável pelo projeto desenvolvido, ali estava o Chico. Ele deveria fazer a apresentação, agora em inglês, pois com certeza o CEO não falava português nem espanhol.

Chico passou uma semana se preparando para a referida apresentação, que seria feita no formato SAR (Situação – Ação – Resultado). Preparou um mapa mental com os principais pontos do projeto (situação). Depois organizou as propostas de reestruturação (ação), concluindo com os impactos esperados da proposta (resultado). Fez anotações de rodapé, para explicar cada slide. Treinou a pronúncia, porque, afinal, o CEO era inglês, e o sotaque na Inglaterra é bem diferente do inglês norte-americano, com o qual Chico estava mais acostumado. Por último, preparou uma lista de possíveis perguntas e respostas, para estar preparado para responder às dúvidas que eventualmente surgissem.

E então chegou o "Dia D" e lá estava ele em pé em uma das cabeceiras das mesas em formato de U. Ao seu lado, sentado, estava o vice-presidente, seu chefe imediato. Do outro lado, o CEO geral. No centro das mesas, estava o seu chefe imediato da área de pessoal, e ao redor estavam nove gerentes gerais dos países incluídos no projeto. Durante 30 minutos Chico fez sua apresentação, que iniciou com uma breve história dos resultados da região, dos porquês do estudo e dos resultados esperados.

O CEO ficou bastante contente e elogiou o trabalho, aprovou o projeto dizendo que iria analisar a ideia e sua aplicabilidade também em outras regiões. Seu chefe, o vice-presidente, esboçava um sorriso de lado a lado do rosto. Saíram para o intervalo do café. Os demais gerentes gerais de outros países se aproximaram e cumprimentaram Chico:

— Parabéns! Excelente apresentação. Belíssimo projeto.

O vice-presidente de gestão de pessoas, chefe imediato de Chico, se aproximou, apertou sua mão e comentou:

— Muito bom. Como você fez para apresentar tudo com tanta firmeza?

Chico olhou para ele e disse:

— Aprendi com o Sr. Thomas Edison.

— Como assim? – perguntou intrigado.

Chico sorriu, deu uma piscadinha e disse:

— Esse é o segredo também da boa comunicação: talento é 1% de inspiração e 99% de transpiração!

— É verdade! – concordou o seu chefe.

É claro que desenvolver suas habilidades de comunicação foi um dos pilares que elevou Chico ao topo e continuou a mantê-lo no ponto mais alto do pódio. Por isso, recomendo que você se dedique com afinco a também desenvolver essa capacidade em sua vida, tanto profissional quanto pessoal. E você verá quanta diferença isso faz.

A comunicação plena leva em conta muitos detalhes e exige o domínio de diversas técnicas. Por exemplo, duas pessoas estão em sintonia numa conversa quando usam as mesmas características de ritmo, entonação e volume de voz. A empatia manifesta-se quando, inclusive, a postura corporal é parecida. O estabelecimento de empatia, também conhecida como *rapport*, é indispensável para obtermos uma comunicação eficaz, criando um clima de confiança entre as partes.

Exemplo de como você pode gerar empatia:

No processo de comunicação, para um bom entendimento, você deve se colocar no lugar do outro e tentar ver a mensagem ou situação da perspectiva da outra pessoa. Essa é a essência da comunicação bem-sucedida.

Para um processo de comunicação eficaz, considere que:

1. As palavras são responsáveis por apenas 7% da nossa comunicação;
2. Já a entonação da nossa voz responde por 38% da comunicação;
3. A expressão não verbal, corporal e facial fica com 55% da responsabilidade pela mensagem que queremos passar.

O domador de tempestades

É possível acompanhar qualquer comportamento identificável na pessoa, observando sua comunicação verbal e não verbal, prestando atenção às seguintes características.

Na comunicação verbal, podem ser observados:

1. Qualidades vocais - tom, volume, ritmo, velocidade etc.;
2. Frases repetidas - legal, valeu, cara, show de bola, vem comigo, fica ligado etc.;
3. Estados internos - podemos reconhecer na pessoa o seu humor: "percebo que você está realmente nervoso com isso!";
4. Ideias ou pensamentos - existe a técnica do 101%. Nem sempre é possível concordar 100% com a interpretação particular ou opinião de uma pessoa. Nesse caso, deve-se observar, dentro da afirmação ou ponto de vista dela, 1% com que se pode concordar e concordar 100% com ele.

Na comunicação não verbal, podem-se perceber:

1. Expressões faciais - levantar sobrancelhas, enrugar o nariz, sorrir etc.;
2. Postura - posição do corpo;
3. Movimentos corporais e gestos - olhar, apontar etc.;

As informações que recebemos em nosso cérebro, vindas do mundo externo, chegam até ele por meio dos cinco sentidos: visão, audição, olfato, paladar e tato. E, quando necessitamos transmitir a nossa experiência interna a alguém, usamos esses mesmos canais, sendo que um deles é sempre o nosso preferencial.

A PNL[1] agrupa esses órgãos em três categorias: visual, auditivo e cinestésico, sendo que o último inclui o olfato, paladar, o tato e as sensações.

Quanto mais a comunicação for dirigida para o sentido preponderante da pessoa que recebe a mensagem, maior a possibilidade da mensagem ser compreendida e lembrada por ela. No caso de um público misto, deve-se procurar transmitir a mensagem utilizando três estilos: visual, auditivo e cinestésico.

---

1 PNL, ou Programação Neurolinguística, é uma técnica criada por Richard Bandler e John Grinder, que permite compreender melhor o nosso funcionamento interno, identificar nossos modelos mentais, questioná-los, refletir sobre eles e, se preciso, dar-lhes uma nova significação.

Deve-se procurar ainda saber qual é o sistema representacional da pessoa ou da maioria das pessoas com quem se pretende interagir, para direcionar a mensagem da comunicação de modo que se torne mais clara e, assim, consiga obter um maior nível de empatia com o público ouvinte ou assistente.

Exemplificando, observe a avaliação do discurso de um orador, realizada por três públicos com sistemas representacionais distintos:

1. As palavras do orador foram bastante claras. Em nenhum momento ele perdeu o foco e ilustrou a palestra de forma brilhante e colorida. (Visual)

2. O orador parecia estar em sintonia com o público. O seu discurso tinha harmonia e seguiu em um bom ritmo. Às vezes, era rápido como um estalo, mas tudo era de bom tom. (Auditivo)

3. O orador era quente. A sua palestra correu doce e suave. Conseguiu pegar o público, eliminando bloqueios sempre de forma vibrante. Enfim, foi gostoso. (Cinestésico)

Agora, observe neste exemplo o sistema representacional num processo de vendas.

Um senhor chega na loja de calçados e diz para o vendedor:

— Eu preciso de um tênis confortável, leve e macio para caminhar. (Cinestésico)

O vendedor volta trazendo algumas caixas e diz:

— Olhe o que encontrei. São modelos de tênis modernos, com as cores do verão, têm listras de cores diferentes. (Visual)

Observe nesse exemplo que o vendedor (Visual) não está em sintonia com o comprador (Cinestésico) e, portanto, existe uma grande chance de que a venda não seja concretizada.

Outros estudos revelam a importância dos cinco sentidos na comunicação e na forma de aprendizagem:

1. Paladar - 1%;
2. Tato - 1,5%;
3. Olfato - 3,5%;
4. Audição - 11%;
5. Visão - 83%.

O domador de tempestades

Dessa forma, é possível concluir que 94% do aprendizado depende do nosso processo de comunicação, que utiliza recursos voltados aos canais sensoriais de visão e audição.

Existe ainda uma combinação que é considerada "a dupla poderosa" da comunicação: visual e auditivo.

1. Quando uma pessoa ouve uma mensagem, a capacidade de retenção e lembrança, depois de três dias, é de 10% apenas;

2. Enquanto que quando ela enxerga uma mensagem, essa capacidade de retenção e lembrança aumenta para 20%;

3. Já quando ela ouve e vê uma mensagem audiovisual, por exemplo, depois de três dias, ainda se lembrará de 65% do que viu e ouviu.

Outros ingredientes essenciais para uma boa comunicação são, sem dúvida, a utilização de metáforas, histórias e até uma pitada de humor na hora certa, elementos que ativam o lado emocional das pessoas e permitem maior retenção da mensagem.

Você poderá se aprofundar mais nesse tema do processo de comunicação eficaz, estudando os exercícios recomendados no apêndice a seguir:

Apêndice G: sistema representacional.

Valter Assis

As crenças que professamos são determinantes na nossa vida

"A crença é um reflexo da razão no meio da nossa ignorância, como a luz da lua é um reflexo da do sol no meio das trevas."
(Gonçalves de Magalhães)

Trazemos e levamos pela vida uma porção de crenças que definem o que somos e o que conquistamos. Crenças positivas nos elevam e ajudam a crescer, enquanto crenças negativas limitam o nosso potencial e nos fazem desperdiçar energia. Entre todas as crenças que professamos, as que mais são determinantes na nossa vida são aquelas ligadas ao sucesso e ao dinheiro, à riqueza e à prosperidade, muitas vezes, por uma má interpretação, até mesmo religiosa, sobre a influência do dinheiro em nossas vidas.

Exatamente diante da Igreja católica, com pouco mais de dois anos de idade, de calças curtas e suspensórios, aos domingos logo cedo, era comum encontrar o garoto Chico com seus pais a caminho para assistirem à missa matinal. Ele sempre estava animado e falador.

A família dos "morenos" – como era conhecida na cidade a família de seu pai – era numerosa e o avô e os tios de Chico, sempre quando o encontravam, o presenteavam com moedas. Ele era o orgulho de ser o primeiro neto na família e queriam agradá-lo. Alguns deles diziam:

— É para você ficar rico. E o garoto ia guardando as notas e moedas nos bolsos da sua pequena calça, agradecido e contente.

O domador de tempestades

Como esse gesto se tornou um hábito bastante frequente, Chico logo se deu conta do quanto pesava andar com os bolsos cheios. Tinha que carregar essas moedas durante a missa e no caminho de volta para casa. Assim, quando achava que tinha uma quantidade suficiente de moedas e um de seus tios vinha dar mais algumas, ele dizia:

— Eu já estou rico. Não preciso mais de moedas. E, muitas vezes, ouvia como resposta:

— Você é um garoto de sorte. Sempre anda cheio de dinheiro, nunca falta.

Provavelmente seus pais, o avô, seus tios e, principalmente, Chico, não imaginavam que isso estava formando uma forte crença de abundância e prosperidade na vida do garoto, que o acompanharia para o resto de sua vida.

Com o passar do tempo, Chico passou a ganhar, além das moedas, também notas de dinheiro. Quando as recebia, ele as segurava e as arrumava todas com a efígie na mesma posição. Desamassava as orelhas e as dobrava com muito cuidado. Um de seus tios, observando esse cuidado do garoto, comentou:

— O Chico terá muita sorte com dinheiro, porque ele o trata com cuidado. O dinheiro nos trata da maneira como é tratado.

Chico nunca esqueceu essas palavras. Ao longo de sua vida, com a família aumentando, teve que enfrentar muitas dificuldades junto com seus pais, já que, como primogênito, também ajudava a cuidar dos irmãos mais novos. Mesmo assim, sempre que conseguia algum dinheiro, ele o tratava com respeito e não como um símbolo de possessão.

Dessa forma, um dos segredos da prosperidade, a energia do dinheiro, chegou naturalmente, por meio de crenças fortalecedoras e valores que ficaram gravados no seu inconsciente, desde pequeno – e que o ajudaram muito com o passar do tempo, durante toda a sua vida.

Algumas das características de boa parte do povo que mora em cidades do interior são a simplicidade e o desapego ao dinheiro e bens materiais. Muito provavelmente, por ter convivido nesse ambiente, Chico descobriu também que o seu foco era em como poderia ajudar e não no que iria ganhar com isso.

O seu sucesso passou a ser resultado daquilo que ele fazia com paixão e não como sendo sua meta final. Desde o início de sua carreira, sentia um impulso e um prazer enorme em ajudar as pessoas a evoluírem, terem mais saúde, prosperidade financeira e felicidade. Mais tarde, descobriu ser esse o seu propósito, sua missão de vida.

Segundo estudos da programação neurolinguística, tudo o que vemos, ouvimos e sentimos, principalmente na faixa etária entre o nascimento até os sete anos de idade, tem grande influência na formação de crenças que ficam retidas no nosso inconsciente. E essas crenças têm o poder de nos influenciar de forma positiva ou negativa, ao longo da vida, sem que tenhamos consciência disso.

As nossas crenças estão espalhadas em todos os níveis da personalidade humana, e podem se mostrar mais acentuadas em um deles, o nível neurológico da identidade, que pode nos levar a crer que somos de determinada maneira ou que tal crença faz parte intrínseca de nosso ser. As nossas crenças atuam em conjunto com nossos valores[1], para dar significado e motivação às nossas vidas. Elas estão ligadas ao porquê de nós pensarmos o que pensamos e ao fazer o que fazemos.

A qualidade das suas crenças sobre suas possibilidades é que criará o diferencial que vai definir se você vai se sair bem em seus objetivos, ou não. Se suas crenças mostrarem apenas o pior que pode acontecer, você nunca se disporá a correr os riscos necessários para ter sucesso na vida.

Reconhecer determinada crença que nos guia na vida é um grande trunfo, pois podemos nos fortalecer nelas para realizar grandes feitos. Entretanto, se ela for reconhecida como sendo uma crença que nos limita e impede de realizarmos nossos sonhos, não devemos nos envergonhar dela, muito pelo contrário, também é trunfo seu ter identificado essa crença. Somente assim vamos conseguir encontrar o antídoto recorrendo a uma nova crença potencializadora capaz de confrontar aquela negativa e nos libertar para grandes realizações.

Falhar faz parte do percurso, mas você não pode se deixar influenciar de que um fracasso é o fim de tudo, ou que você é um fracassado. A grande virada em sua vida só vai acontecer quando recorrer a novas crenças potencializadoras que o levem a acreditar que tudo pode melhorar, e trabalhar para isso, que você merece o sucesso e que é capaz de construí-lo.

Para ter mais sucesso na vida e realizar seus sonhos e objetivos mais diversos, é bem possível que você precise identificar, reconhecer, substituir algumas de suas crenças. Para isso, é preciso aprender a enxergar o mundo com os olhos da prosperidade e da abundância, em vez da carência e da pobreza.

Acompanhe a seguir um método prático e simples para orientar a identificação de crenças negativas e a formação de outras fortalecedoras, positivas que farão toda a diferença na sua vida:

Ressignificando suas crenças negativas

O primeiro passo desse processo é exatamente identificar suas crenças negativas. Para isso, faça uma lista de todas as crenças que você tem e que

---

1 www.autocuraintegral.com.br – Formando seres integrais, p. 98, Sistema de crenças e valores – Renato Lessa Pereira – Chiado, 2018.

O domador de tempestades

sente que, de alguma forma, limitam as suas ações e os seus resultados, principalmente aquelas relacionadas aos seus maiores objetivos. Um exemplo básico dessas crenças é a afirmação "eu nunca vou ter dinheiro".

Depois de reconhecidas, o próximo passo é remodelar essas crenças negativas. Reescreva de forma positiva cada uma de suas limitações identificadas. Elimine toda a negatividade da sua mensagem. Veja este exemplo de frase que ajuda na remodelagem de uma crença negativa: "Estou aprendendo, com este livro, a lidar com a energia do dinheiro e a fazer uma poupança". Tracei metas concretas para me aprimorar, exercer um cargo melhor e, consequentemente, ser muito melhor remunerado.

Agora é hora de substituir as crenças negativas. A primeira etapa dessa fase consiste em procurar ridicularizar as suas limitações, para tirar a força delas. Você pode fazer isso com algumas atitudes bem debochadas. Por exemplo, pode imaginar uma vozinha ridícula e sem força dizendo que você não é capaz de fazer algo, ou mesmo imaginar que alguém vestido de modo totalmente ridículo e inadequado, totalmente sem credibilidade, é quem está falando que você não pode fazer isso ou aquilo. A intenção aqui é tirar toda a credibilidade da sua crença limitante.

Em seguida, na segunda etapa, substitua a sua crença limitante por uma fortalecedora. Faça isso repetindo, diversas vezes, que você pode, que é capaz, que é merecedor. Faça isso com toda a força de suas células.

Para finalizar o processo de ressignificar suas crenças, o próximo passo é agir em prol da nova crença positiva. Para integrar a nova crença fortalecedora ao seu plano de vida, escreva-a em um papel diversas vezes, cole um cartaz na parede com essa nova crença, visualize e repita a frase repetidamente durante o dia. Visualize e repita de manhã, durante a tarde e à noite, por pelo menos 21 dias, para formar um hábito. Depois disso, continue a repetir sua frase fortalecedora pelo menos uma vez por semana.

Apenas para esclarecer melhor essas ideias e o processo de dar um novo significado às suas crenças, acompanhe o modelo a seguir e aproveite para usá-lo como um guia para remodelar suas crenças limitantes que identificou:

Crenças negativas	Crenças positivas
Odeio matemática.	A matemática é a base para completar o meu curso de engenharia e para o meu sucesso como profissional.

Nunca vou encontrar o amor da minha vida.	Eu sou capaz de experimentar relacionamentos amorosos que trazem felicidade em minha vida.
Eu nunca vou ter dinheiro.	Estou me aprimorando cada vez mais por meio dos estudos. Com isso, posso procurar um novo emprego com um salário melhor.
Leitura não serve para nada.	Quanto mais eu leio, mais me torno culto e evoluo como pessoa.

Feito isso com suas próprias crenças limitantes, reforce esse novo hábito positivo, voltando a estudar o passo a passo de como remodelar crenças negativas: identificar, remodelar, substituir, agir.

A pergunta importante aqui é: o que você está disposto a fazer para conseguir realizar o seu objetivo? Lembre-se: você é o que pensa. Pode fazer qualquer coisa que desejar. Aproveite esse momento para ir até os apêndices a seguir e fazer mais alguns exercícios para melhorar ainda mais a qualidade de suas crenças:

Apêndice H – Identificando suas crenças negativas.
Apêndice I – Ressignificando suas crenças negativas.

O poder da missão e do propósito de vida

"O segredo da existência humana não está somente em viver, mas também em saber por que se vive."

(Fiódor Dostoievski)

Uma das ideias em voga hoje em dia é o conceito de missão. Em geral, quando falamos sobre esse tema, estamos nos referindo à nossa essência, à razão de toda uma existência, muito embora possamos admitir que, ao longo de nossa vida, iremos trabalhar em várias missões. Como definição, vamos considerar que:

• **A missão** é a nossa razão de ser, o papel que desempenhamos no mundo, aqui, agora e no futuro. Por exemplo, nós temos a missão de despertar nas pessoas todo um potencial para realizar sonhos.
• **O propósito** é a motivação que nos leva a fazer determinadas coisas. É aquilo que justifica o que fazemos. Como exemplo, podemos dizer que nós fazemos isso com a intenção de contribuir para um mundo melhor.

Não saber qual é a nossa missão de vida, pelo menos de maneira consciente, é uma realidade para a maioria de nós. E a alegação de que não fazemos o que devemos, porque não conhecemos a nossa missão, não passa de uma desculpa para não darmos o nosso melhor no nosso dia a dia. Nenhuma dessas afirmações tem sido uma forma produtiva de pensar, pois leva a pessoa a passar anos repetindo as mesmas desculpas, enquanto não se dedica a encontrar a sua verdadeira missão, a sua essência.

A verdade é que para encontrar propósito naquilo que se faz, para fazê-lo com paixão, superar desafios e realizar seus sonhos, é preciso dedicar algum tempo a uma profunda reflexão sobre as eternas perguntas, primeiro sobre a sua missão de vida:

O domador de tempestades

1. Quem sou?
2. Para onde vou?
3. Com quem vou?
4. Por que vou?

Sem uma missão bem definida, muito esforço e tempo são desperdiçados em atividades nas quais não usamos todo o nosso potencial. Enquanto que, com o senso de direção bem ajustado, devido à clareza de propósito, fica mais fácil definir a nossa missão para atingi-lo. É quando cada pequeno esforço gera resultados surpreendentes, tanto pessoal quanto profissional.

Havia chegado a hora do jovem Chico definir que tipo de graduação seria mais indicada, antes de participar do exame de vestibular para ingressar na faculdade. Buscava saber qual profissão ou carreira se adequaria melhor ao seu perfil pessoal, comportamento, gosto e forma de pensar. Igual a outros adolescentes nessa fase da vida, ele também encontrava muita dificuldade em escolher uma profissão que parecesse a ideal.

O supervisor do departamento de finanças, no escritório em que trabalhava à época, foi quem o ajudou como um verdadeiro conselheiro. Foi ele a pessoa que o ajudou a refletir sobre o seu propósito de vida, suas possibilidades de futuro, a despertar para suas características pessoais, seus talentos únicos e sua forma de relacionamento, sua maneira de se comunicar e pensar.

Seguindo a sua orientação, saiu em busca de informações para conhecer melhor algumas graduações relacionadas à área de humanas, que até então ele não fazia a menor ideia do que eram. Assim, foi despertado para várias áreas, desde Comunicação Social, Propaganda e Publicidade, Marketing e Relações Públicas.

Devido à curiosidade que lhe era característica, recorreu ainda mais à boa vontade do supervisor para que explicasse melhor em que consistia cada uma dessas profissões. Esse o ajudou a encontrar um livro com a descrição do conteúdo de cada um dos cursos e suas respectivas áreas de atuação.

O supervisor o estimulou também a refletir e compreender quais eram suas verdadeiras aptidões. Analisaram juntos em qual dessas áreas Chico teria mais afinidade. Inclusive, estudaram os possíveis segmentos de atuação para depois de formado.

Por fim, a escolha foi assertiva. Chico se formou como bacharel em Relações Públicas e fez pós-graduação em Recursos Humanos, área na qual iniciou sua carreira, e atuou por 30 anos em gestão de pessoas em grandes multinacionais. Residiu no exterior durante sete anos, atuando em países da América Latina e da América Central e do Caribe.

Porém, como a vida é dinâmica e acontece em ciclos, Chico sabia que, por isso mesmo, de tempos em tempos é preciso revisitar o propósito de vida, para conferir se ele ainda é válido no formato em que se encontra, se é preciso fazer alguns ajustes ou, quem sabe, até mesmo redefinir a sua missão para atingir um novo propósito.

Com isso em mente, houve uma época, anos após sua definição de carreira, em que Chico novamente decidiu dar uma nova redirecionada na sua vida e em sua atuação profissional – seria a sua terceira mudança em 30 anos, praticamente uma a cada década de sua trajetória.

Quando voltou do exterior, após um longo período de trabalho, chegou ao interior de São Paulo, onde encontrou um mercado em desenvolvimento, demandando por profissionais qualificados, estabilidade no trabalho, excelência na prestação de serviços e no atendimento. Foi ali que ele se estabeleceu, porém, não sem antes de tudo tirar um ano sabático para recompor as energias, depois de longos e árduos anos de trabalho. Chico viajou para vários países, dedicou mais tempo à família e mergulhou em vários cursos de especialização.

De volta às atividades profissionais, brotou em sua mente o pensamento de que poderia encontrar uma forma de ser útil, utilizando-se dos seus 30 anos de experiência corporativa, somados às suas especializações, com o objetivo de contribuir para suprir a carência de qualificação da força de trabalho local.

Abriu a VACOACHING (uma empresa de treinamentos para superação e renovação pessoal). Com base em uma carreira corporativa bem-sucedida em organizações multinacionais, Chico sabia que poderia levar toda essa experiência para o público em geral, além de ensinar técnicas corporativas, de neurociências e promover vivências capazes de ajudar as pessoas a experimentarem e acessarem um estado de alta performance, com energia para conquistar suas metas e realizar seus sonhos. Assim, foram definidos produtos como palestras, workshops, eventos e publicação de livros e vídeos para atender às características do público.

Estava definida a sua nova missão: usar a capacidade de aprender e a habilidade e rapidez de realização para ajudar pessoas a desenvolverem suas inteligências física, mental, emocional, espiritual e financeira, para conquistarem uma vida plena.

Com uma missão de vida bem definida e clara, somos capazes de realizar mudanças impressionantes em nossa vida, contribuindo, ao mesmo tempo, para que muitas outras pessoas também aprendam e sejam estimuladas a tirar o melhor de suas próprias vidas.

Para que você possa compreender mais amplamente essa ideia de missão, existem algumas colocações que ajudam muito a pensar e a aprofundar um pouco mais esse conceito e sua importância na vida. Sua missão é uma atividade e uma maneira de ser que devem servir aos seus propósitos – mental, física e espiritualmente e, se assim o quiser, também financeiramente.

1. Ao servi-lo, a sua missão deve servir também aos outros.
2. Ao servir a você e aos outros, a sua missão deve, de alguma forma, contribuir para o bem do mundo.
3. Você é único e a sua missão é única.
4. A finalidade de sua alma é anunciar e declarar, ser e expressar, experimentar e cumprir quem você é realmente.
5. Lembre-se de que a finalidade da vida é se recriar, sob nova forma, na melhor versão que você já teve sobre quem realmente é.
6. A sua missão é a finalidade de sua vida, ou seja, aquilo que o antigo ensinamento espiritual indiano chama de *Dharma*[1]. Ele nos diz:

> • Você tem talentos únicos e maneiras exclusivas de expressá-los. Existem algumas coisas que pode fazer melhor do que qualquer outra pessoa no mundo inteiro.
> • Para cada um dos talentos únicos que possui, outras pessoas têm necessidades únicas correspondentes. Quando essas necessidades combinam com a expressão criativa de seu talento, você cria riqueza e abundância ilimitadas.

A falta de clareza quanto a nossa missão é bem desconfortável. É um tanto desnorteador e frustrante quando temos um mínimo de questionamento que seja sobre o nosso papel nesta vida. Ao mesmo tempo, a jornada de descoberta da nossa missão também trabalha contra o nosso conforto. Porém, sempre vale mais a pena optar por conhecer e trabalhar dentro da nossa missão, porque essa é a única maneira de alguém ser verdadeiro consigo.

A definição da nossa missão não é algo a ser procurado como alguma coisa que foi perdida, pois ela está conosco o tempo todo, no nosso interior, no nosso modo de ser e agir. Nós apenas precisamos nos acostumar com a maneira correta de torná-la visível aos nossos olhos e a nossa consciência.

Recomendo fortemente que você trabalhe no intuito de definir a sua missão, o seu propósito de vida, e depois trabalhe conscientemente nela. É a maneira mais eficaz de encontrar sentido e poder se levantar motivado todos os dias, querendo realizar seus sonhos, entregar valor para as pessoas e ser feliz nesse processo.

Para facilitar o seu trabalho de tornar clara a sua missão, coloquei a seguir um roteiro de questões que você pode responder de modo prático e direcionado:

1. Defina quais são as suas qualidades

Se você tiver dificuldades de saber, pergunte para quem conhece. Procure saber o que dizem de positivo a seu respeito.

---

1 Em certos contextos, o Dharma designa comportamentos humanos considerados necessários no universo.

Por exemplo, pessoas podem ser estudiosas, curiosas, persuasivas, motivadoras, inteligentes, autodidatas, caridosas, boas companhias, etc.

Escreva cinco ou seis qualidades suas e selecione as duas principais, com que você se identifique mais.

2. Como você coloca em prática suas qualidades

Pensando nas duas qualidades com que se identifica mais, anote como você as põe em prática no dia a dia. O que faz com elas, faz sem esforço? Qual é a paixão que o move para realizá-las com prazer?

3. Como você se expressa, se comunica e interage com as pessoas?

Como você vê o seu papel nos relacionamentos? Como manifesta o seu companheirismo? Apoiando, motivando e animando as pessoas?

Se tiver dificuldades em responder a essas questões, consulte as pessoas com quem convive. Pergunte: como eu ajudo você? Como diria que faço a diferença?

4. Como você manifesta seus talentos diante das pessoas?

Se precisar, pergunte às pessoas do seu convívio sobre os talentos que elas identificam em você e como isso influencia ou ajuda na vida delas.

5. Qual é a sua visão de mundo perfeito?

Você diria que um mundo perfeito seria um lugar onde as pessoas pudessem se desenvolver física, mental, emocional e espiritualmente, viver em harmonia, com paz e amor, sem dores, sem sofrimento e sem envelhecimento precoce? Caso não pense assim, descreva a sua versão de mundo perfeito.

6. Resuma a sua missão de vida

Com base nessa análise, resuma qual é a sua missão de vida daqui para frente. Apenas como exemplo, alguém poderia dizer: usar a minha capacidade de aprender e a minha habilidade e rapidez de realização para ajudar as pessoas a se desenvolverem nas inteligências física, mental, emocional, espiritual e financeira, para que tenham uma vida plena, por meio de um plano.

Você não veio a este mundo a passeio. Pode ter certeza. Existe uma missão a cumprir por aqui. E por mais que pareça difícil de perceber, ela tem pouco a ver com você. Está muito mais relacionada ao que pode deixar de legado positivo às pessoas e a este mundo. Portanto, viver plenamente a sua missão é a coisa mais louvável que poderá fazer. Você a conhece com clareza? Acompanhe esse tema no apêndice a seguir:

Apêndice K – Descobrindo a sua missão de vida.

Promovendo o realinhamento dos seus níveis neurológicos

> *"Desde que o bom pensamento entre em nosso espírito, ele nos traz uma luz que nos faz ver uma quantidade de outras coisas cuja existência nem sequer imaginávamos antes."*
>
> *(Chateaubriand)*

Novos comportamentos podem influenciar as crenças sobre a nossa identidade, potencializando a nossa missão de vida.

Chico sempre teve uma boa disciplina alimentar, para manter a forma física e a boa saúde. Desde que aprendeu alguns segredos com seus mestres, não abre mão desses cuidados, mesmo durante tantas viagens pelo Brasil, América Latina e Estados Unidos. Sempre manteve o hábito de comer praticamente de tudo, porém dentro das proporções 80/20 que os mestres ensinaram: para uma alimentação equilibrada, deve-se consumir 80% do que se necessita e 20% do que deseja.

Um de seus pratos favoritos sempre foi uma pasta com frutos do mar, que é facilmente encontrado em quase todas as cidades dos países por onde viaja com certa frequência. É claro que na Costa Rica não poderia ser diferente.

Como era um de seus hábitos, pelo menos uma vez por mês Chico convidava um de seus colegas de trabalho para almoçar. Davam uma fugidinha da comida do restaurante da empresa, para variar e também aproveitar a oportunidade para conversarem e se conhecerem melhor.

O domador de tempestades

Certo dia ele havia convidado o seu gerente de pessoal para almoçar e foram a um restaurante especializado em peixes, a pouco mais de um quarteirão da empresa. Foram para lá caminhando. O prato pedido e prazerosamente consumido pelos dois foi filé de pescada temperada com camarão ao molho branco, uma especialidade da casa.

Satisfeitos com a refeição e com a agradável conversa que tiveram, voltaram à empresa em pouco menos de uma hora. Chico foi diretamente ao toalete escovar os dentes, quando sentiu os seus braços coçarem, olhou e viu que estavam avermelhados. Logo sentiu aquele mesmo calor e coceira no pescoço. Olhou-se no espelho e então se assustou: o rosto estava vermelho e seus olhos inchados. Correu e pediu socorro ao amigo para levá-lo urgente à emergência do hospital.

Dentro do carro, Chico começou a ter dificuldades para respirar e pensou que poderia estar infartando. Lembrou-se da recomendação de um amigo, que lhe dissera que, caso perceba sintomas de infarto, deve forçar tosses ritmadas, atitude que ajuda a se manter até que o socorro e o atendimento cheguem. Começou a tossir e logo chegaram ao hospital, que ficava a apenas 15 minutos da empresa.

Não era infarto, disse o médico. Apenas uma intoxicação alérgica ao camarão. Chico respirou aliviado. Apesar do susto, esse diagnóstico era bem mais leve. Foi medicado e liberado em poucos minutos.

Chico fez todos os exames e confirmou a sua alergia por mariscos e camarão. A partir desse dia, devido ao grande volume de viagens internacionais que fazia, além de pingar um antialérgico diariamente embaixo da língua, ainda carregava um kit de emergência prescrito pelo alergista, com um atestado selado, carimbado e assinado, escrito em espanhol e em inglês, autorizando o porte de seringa, ampolas, comprimidos e bicarbonato de sódio. O pior da história é que teve que praticar, na clínica médica, como aplicar em sua própria coxa a mistura das ampolas – o que poderia ser feito até mesmo por cima da calça, diante de uma emergência. Durante cinco anos teve todo esse trabalho e aguentou essa chatice.

Durante um treinamento intensivo em Programação Neurolinguística (PNL), Chico relatou seu caso ao treinador, que lhe pediu que fechasse os olhos. Depois, o treinador disse:

— Imagine um prato de camarões a sua frente. Imagine-se pegando um a um, levando à boca e mastigando.

Chico, abriu os olhos e disse, assustado:

— Pode parar!

— O que sentiu? – perguntou o treinador.

— Senti um calor intenso e falta de ar.

— Muito bem – disse o treinador. — Vamos fazer um exercício de reprogramação.

Cerca de 15 minutos depois, haviam feito a reprogramação mental em Chico. O treinador olhou para ele e disse:

— Pode ir até a cozinha e se tiver camarão por lá pode comer um prato cheio.

Chico até teve vontade de fazer isso na hora do almoço, porém achou prudente fazer todos os exames de alergia novamente, antes de arriscar. Aliás, depois do sufoco da primeira vez, ficava agitado só de pensar em comer frutos do mar.

Naquele dia, por meio da reprogramação neurolinguística, Chico e o treinador haviam trabalhado os efeitos da pressão no trabalho, das dificuldades de comunicação numa língua estrangeira, dos esforços de adaptação cultural, e outras formas de pressão que ele vinha sofrendo no dia a dia, e que haviam resultado em um alto nível de estresse e culminado em um quadro alérgico. Ao eliminar da mente inconsciente esses traumas, por meio da PNL, eliminou também a indesejada e perturbadora alergia.

— Tem certeza de que era alérgico? – perguntou a médica.

Chico mostrou os atestados anteriores, que comprovavam a alergia.

Ela estranhou e disse:

— Pelos testes atuais, você não é mais alérgico.

Chico saiu aliviado e, no caminho de volta para casa, pensou que não custava nada fazer um exame de sangue também. Fez e confirmou que não existia mais alergia alguma a frutos do mar.

O autoconhecimento é extremamente importante, pois ajuda você a resolver uma gama de problemas que, de certa forma, podem até ser simples inicialmente, mas complicar por falta do conhecimento. Foi grande o susto que Chico levou com a alergia desencadeada pelo camarão e outros frutos do mar, de uma hora para outra. Como depois do exercício de ressignificação da PNL ele ficou curado, isso fez com que passasse a se observar mais e ficasse mais atento aos seus sinais de desconforto e reações diante de situações diversas. Dessa maneira, tornou-se mais hábil em mudar determinados comportamentos seus que não convinham ou apresentassem riscos.

Se você também passar a observar o que se passa, vai ser capaz de identificar quando o corpo dá sinais de tensão, quando a mente começa a ficar mais acelerada, quando o seu ritmo cardíaco aumenta e quando a respiração se torna curta e ofegante. Na realidade, esses tipos de registros mentais podem ocorrer logo após enfrentarmos uma situação de estresse, medo ou insegurança, ou algo semelhante a isso. Observe que essa "desestabilização" mental pode ocorrer mesmo diante de uma situação realmente crítica, como no caso de um acidente, catástrofe ou morte, pois o corpo reage de determinada forma independentemente da gravidade da situação.

O domador de tempestades

Por isso, é realmente importante passarmos a treinar como comandar a nossa mente e, consequentemente, nossas emoções. Passar a substituir pensamentos sem qualidade e destrutivos por pensamentos construtivos e harmoniosos. Transformar a insegurança em segurança, transformar o pessimismo em positividade, colocar-se em contato com a natureza, respirar profundamente o ar fresco, fazer uma pausa de alguns minutos, observar as tensões que sente no seu corpo, concentrar-se na sua respiração e enviar uma mensagem mental para todas as partes de seu corpo, dizendo que tudo está bem, que você é mais forte do que o problema, seja ele qual for, que tudo isso vai passar.

Essas técnicas simples vão, aos poucos, ajudando você a criar novos hábitos, novos comportamentos e a melhorar o seu autocontrole e formar novos comportamentos que potencializem suas crenças.

Vamos fazer um exercício para experimentar essas ideias? Algo semelhante ao que o treinador de PNL fez com o Chico, pedindo que ele imaginasse um prato de camarões na sua frente. Vamos lá:

Feche os seus olhos e imagine uma rodela de limão na palma da sua mão. Comece a aproximá-la, lentamente, do seu nariz, e sentir o cheiro. Continue a imaginar, agora, que está colocando o limão em sua boca. Imagine que ele é rosa, suculento, e que você começa a saboreá-lo. Nesse exato momento, perceba que está salivando.

Compreendeu como isso acontece? Esse exercício tão simples comprova como funciona o seu cérebro quando você o induz em uma direção. O cérebro induzido iniciou algumas sinapses neurais que enviaram mensagens às glândulas, que começaram a produzir saliva, como se realmente estivéssemos colocando o limão na boca.

Esse é um exemplo prático de que quando criamos um pensamento na nossa mente, o organismo começa a reagir para enfrentar a situação como se ela fosse real, tal qual aconteceu com o prato de camarão e a rodela de limão.

É exatamente nessa mesma linha que acontecem os ataques de pânico ou as fobias, quando a pessoa se fixa no medo obsessivo de algo, numa insegurança, ela cria em sua mente a representação de que aquilo que teme está para acontecer, ilude a sua mente, que não consegue distinguir se aquilo é real ou não. Assim, todo o corpo se prepara para enfrentar a situação e recebe uma sobrecarga de adrenalina, acelerando o ritmo cardíaco, provocando a transpiração. A pessoa, ao perceber isso, fica mais apavorada, perde o controle das emoções, de seu corpo e dela mesma. Acontece então uma perda de controle da mente sobre o corpo.

Uma técnica que ajuda muito a controlar esse processo inclui treinar como sair do pensamento destrutivo e olhar para a situação de maneira dissociada, como se estivesse do lado de fora, observando a situação. Assim, é possível trocar os pensamentos sem qualidade por pensamentos construtivos, do tipo: "Quem disse que não consigo fazer isso? Já enfrentei situações semelhantes e me saí bem. Existem muitas pessoas que passaram por isso e estão bem. Se for tão difícil assim de resolver, eu ainda posso pedir ajuda para alguém". Esse exercício é ótimo para enviar novas mensagens positivas ao seu inconsciente e o fortalecer na direção certa.

Existe uma ferramenta da PNL denominada "Alinhamento dos Níveis Neurológicos", desenvolvida por Robert Dilts[1], que é fantástica para identificar pensamentos, comportamentos e reações indesejadas. Ela ajuda a ressignificar os pensamentos, crenças, valores, e promove a conscientização das suas capacidades.

Nesse modelo de Dilts, ele desenvolveu uma técnica de realinhamento dos níveis neurológicos, indo desde o nível mais básico, que é o ambiente externo, ao nível mais alto, no topo da pirâmide, onde reside a espiritualidade, a transcendência da pessoa, como pode ser observado na figura a seguir.

---

1 Robert Brian Dilts é autor, *trainer*, consultor de PNL e pesquisador da teoria dos sistemas, campo científico que valoriza a abordagem holística do homem e da natureza.

Assim, temos as seguintes considerações:

1º nível: ambiente

Refere-se ao ambiente externo, o local onde a pessoa está inserida, seja no campo profissional, social, familiar ou amoroso. É preciso muito treino para não se deixar influenciar pelos acontecimentos externos. Em maior ou menor grau, dependendo do seu nível evolutivo, a relação passiva/ativa da pessoa com o que acontece no ambiente externo pode ou não influenciar seu comportamento.

2º nível: comportamento

Refere-se às ações e reações de cada um diante de uma situação. Esse nível aborda não somente ações efetivas, mas também as potenciais efetivadas no pensamento, ou seja, permite observar como a pessoa se comporta em determinadas situações e por quê.

3º nível: capacidades e habilidades

Trata-se da própria competência da pessoa, como ela está relacionada com a aplicabilidade dos seus conhecimentos e com suas estratégias mentais que impulsionarão suas ações. É o reconhecimento dos recursos que possui para superar os desafios que se apresentam.

4º nível: crenças e valores

Dizem respeito ao porquê das ações e pensamentos das pessoas. Aqui se tem a oportunidade de observar quais são aquelas crenças que as impedem de avançar, que criam vícios de pensamento, que levam a conclusões precipitadas ou que turvam a visão e que as impedem de enxergar o que está por trás da sua forma de agir e se comportar.

5º nível: identidade

É o nível do "eu", do "ID" da pessoa, da sua essência. Ele é decorrente das crenças, valores, experiências, verdades e cultura que a pessoa acumulou ao longo da vida. A identidade relaciona-se assim com a missão do indivíduo e o senso de si.

Quem eu sou? Qual o motivo da minha existência? Qual a minha missão na vida? O quanto eu sou importante e único? Qual o valor que tem a minha história? Essas são perguntas que levam a pessoa à tomada de uma consciência transformadora.

6º nível: espiritualidade e legado
Vai além da pessoa. É uma dimensão que observa como está conectado com o todo, de que forma a sua visão contribui para isso. Onde reside uma visão mais ampla de você, uma razão maior que o move. Como servir aos demais, como dar aos outros um pouco daquilo que a vida trouxe. Como gostaria de ser lembrado depois que partir, de que forma a sua missão faz bem aos outros.

Nessa linha, é importante observar que aquilo que percebemos do mundo passa sempre pelo nosso filtro pessoal, pela maneira que vemos o mundo e o interpretamos, com base na nossa cultura, valores, crenças, linguagem e interesses.

Tendemos a julgar o mundo a nossa imagem, mas as coisas nem sempre acontecem da maneira que percebemos. O que nos impede de ver as coisas como elas de fato são depende diretamente da nossa programação mental.

Se pusermos um engenheiro, um professor de yoga e uma costureira para caminhar em uma praia onde há uma construção feita de bambus, com decoração oriental e espaço para massagens e pedirmos a cada um deles para descreverem o que viram, o que ouviram e o que sentiram ao caminhar pela praia e sobre o que observaram, com certeza a descrição de cada um será completamente distinta, pois são pessoas com histórias e experiências de vida diferentes, com interesses que diferem e com percepções nada semelhantes do mundo.

Existe um enorme contingente de pessoas viciadas em problemas. E isso acontece porque elas observam as coisas apenas de um ângulo negativo, não construtivo. O ângulo de suas percepções pessoais faz com que elas acreditem estar em um beco sem saída e, o mais grave, não se dão conta de como chegaram lá e nem que têm o poder de mudar tudo. Como é possível mudar isso? Ampliando, enriquecendo e abrindo a sua mente para um mundo de infinitas possibilidades.

O alinhamento dos níveis neurológicos serve para isso. De tempos em tempos essa ferramenta deve ser aplicada em nossa vida, pois ela é extremamente útil para resgatar o nosso equilíbrio físico, mental e espiritual.

É impressionante o nível de energia que utilizamos para realizar uma quantidade enorme de tarefas. De fato, fazemos coisas fantásticas, entretanto, com a dita falta de tempo, acabamos por descuidar de nós, da importância de harmonizar a nossa carreira profissional com a nossa vida pessoal. Para pôr em prática o que estamos discutindo aqui, experimente fazer o exercício proposto neste apêndice:

Apêndice L – Exercício de alinhamento dos níveis neurológicos.

Mantendo seu corpo e sua mente saudáveis

> *"A saúde depende mais das preocupações do que dos médicos."*
>
> *(Bossuet)*

A ansiedade, a depressão, a síndrome do pânico e a obesidade são as doenças da atualidade que vêm afetando cada vez mais pessoas no mundo todo. Elas não são transmissíveis, pois são psicossomáticas, mas, mesmo assim, espalharam-se pelo mundo e levam um enorme contingente de pessoas a gastar muito tempo e dinheiro na busca de tratamentos que, na maioria das vezes, apenas atingem os sintomas e não as causas desses males. Simplesmente porque a grande maioria das pessoas desconhece que a solução do problema reside em trabalhar em suas causas, nas raízes que os criam e sustentam e que são, geralmente, de origem emocional.

Durante um período de quase dez anos, Chico e seu amigo Padre Lourival dos Santos Gratão conviveram e participaram do trabalho do mestre coreano Dr. Jong Suk Yum, criador da Unibiótica[1] e autor de vários livros, entre eles o Diagnóstico visual do homem[2]. Os treinamentos, em geral, aconteciam em regime de semi-internato que eram realizados no interior paulista.

Nesses treinamentos, Chico conheceu pessoas vindas de várias regiões do Brasil e de profissões e condições sociais bastante diferentes. Presenciou, em muitos casos, o sofrimento de pessoas com enfermidades que ele nem mesmo sabia que existiam, que vinham até o Dr. Yum na esperança de encontrar a cura ou, pelo menos, algum alívio ao sofrimento.

---

1 https://alimentacaonatural.com.br/o-que-e-unibiotica-dr-jong-suk-yum/
2 *Diagnóstico visual do homem*, Editora Vários Escritos, Rio de Janeiro, 1983, e Coleção ABC da saúde, Editora Convite, 1987.

O domador de tempestades

Certa vez, uma senhora bem apresentada e que se expressava muito bem chegou de cadeira de rodas, num carro de luxo, demonstrando ter uma boa condição social. Em conversa com o mestre, afirmou ser vegetariana há vários anos, porém não encontrou a cura para a doença grave que tinha. Dessa maneira, decidiu fazer o treinamento com o mestre coreano, como mais uma tentativa de encontrar a solução para o seu problema de saúde, ou pelo menos tentar amenizar os seus efeitos.

Chico, intrigado com esse caso, aproximou-se do mestre e resolveu perguntar:

— Como pode uma pessoa assim tão esclarecida e tão cuidadosa com a alimentação contrair uma doença tão grave?

— A área física não é tudo! – respondeu o mestre, ao mesmo tempo em que se virava e saía.

Chico continuou intrigado e pensativo. Quais seriam então as outras áreas, além da física? Precisaria conversar melhor com o mestre sobre isso. Porém, na noite de início do treinamento o mestre se dedicou a explicar:

— As enfermidades surgem a partir do conflito entre a personalidade e a própria alma. Tudo o que afeta a mente afeta o corpo, e vice-versa, por estarem interligados.

Milhares de pessoas criam suas próprias enfermidades e vivem sem nunca terem aprendido o milagre da boa saúde por meio dos cuidados com o corpo, mente e espírito de forma integral.

Os problemas surgem pela falta de conhecimento sobre como equilibrar corpo, mente e alma, estabelecendo a harmonia nas quatro inteligências naturais: física, mental, emocional e espiritual. Acompanhe estes exemplos:

1. Um simples resfriado ocorre quando o corpo não chora, não expõe suas mágoas e a imunidade é reduzida;
2. A dor de cabeça deprime quando as dúvidas aumentam;
3. A alergia aparece quando o perfeccionismo fica intolerável;
4. A dor de garganta sufoca quando não é possível comunicar as aflições;
5. O estômago queima quando a raiva não consegue sair;
6. O coração desiste quando o sentido da vida parece terminar.

A obesidade é outro exemplo, pois de nada adianta seguir qualquer tipo de dieta, sendo que o corpo engorda quando a insatisfação aperta e nos sentimos num beco sem saída – concluiu o Dr. Yum.

Chico passou a observar suas próprias condutas e o modo de ser das pessoas: a maneira como elas vivem, o propósito de vida, o ritmo de trabalho, o relacionamento familiar *e até a própria religiosidade. A partir da aprendizagem sobre o ser humano integral ele pode ampliar a sua visão sobre questões importantes para uma vida melhor.*

Depois de quase dez anos de convívio, Chico não pôde mais acompanhar o mestre coreano, pois teve que seguir o seu caminho, por força do trabalho com gestão de pessoas. Precisando residir em outros Estados e depois em outros países, precisou se afastar. Porém, sempre levou com ele os ensinamentos aprendidos e os praticava religiosamente, para encontrar o equilíbrio entre sua carreira e vida pessoal.

Ele havia aprendido que o nosso corpo é uma dádiva da Criação. Que é algo tão perfeito que não existe outro igual no universo – cada pessoa é única. Basta observar que a sua impressão digital é única, a sua íris é única e a sua potencialidade é exclusivamente sua. É de sua responsabilidade cuidar desse bem. Sem saúde, nenhuma outra área de sua vida estará bem.

Afinar o seu instrumento significa manter o seu corpo saudável para conseguir a energia necessária para realizar o que você tem como missão na sua vida. E essa afinação envolve não só cuidar diretamente da sua saúde e do bem-estar individual, mas também olhar para um todo, cuidando do seu ambiente de vida e de trabalho e de suas relações com as pessoas que fazem parte do seu dia a dia.

Continuando em sua busca por conhecimento e desenvolvimento, Chico veio também a conhecer, estudar e aplicar os princípios do trabalho de outro mestre, o filipino Choa Kok Sui[3] e, a partir de seus ensinamentos, introduziu em sua vida o cultivo e a prática de mais uma inteligência natural: a inteligência financeira. Dessa maneira, a sua visão de equilíbrio e harmonia do ser se tornou ainda mais ampla, multiplicando suas possibilidades para cultivar uma saúde mais completa e duradoura e uma vida mais feliz e plena.

A importância do equilíbrio da mente, corpo e alma – incluindo a influência dos aspectos materiais da vida que, sem dúvida alguma, interferem diretamente nesses três elementos – vem diretamente do fato de que todos esses fatores estão intrinsecamente interligados e afetam diretamente uns aos outros. O ser humano integral se molda conforme a atuação de cada um desses elementos no dia a dia, independentemente ou em conjunto.

A combinação de bem-estar mental, físico e espiritual é inegavelmente importante para o indivíduo. No entanto, vivemos em um mundo que con-

---

3 Mestre Choa Kok Sui foi considerado o cientista da alma. Através das suas pesquisas conseguiu transmitir de forma simples e profunda conhecimentos milenares, em uma linguagem ao alcance de todas as pessoas. https://institutogoldenprana.com.br/terapia-pranica-cura-pranica/master-choa-kok-sui/

O domador de tempestades

centra grande atenção no fator financeiro, na conquista do sucesso, na busca por ser alguém que se destaque da multidão. O que nos leva, muitas vezes, a um impasse: o nosso equilíbrio depende em grande parte dos resultados do nosso dia a dia no mundo material, porém quanto mais ocupados nos mantemos nessa busca, mais difícil fica alcançar o equilíbrio mental, espiritual e o bem-estar físico.

O que realmente tinha ficado claro para Chico é que em nenhum momento é possível isolar uma causa ou efeito particular de determinada doença, seja ela qual for ou como se manifeste, pois, cada elemento deve ser considerado e medido em termos de conjunto de partes que compõem a nossa vida como um todo.

Por essa razão, Chico jamais esqueceu que o fundamental é manter um equilíbrio entre as cinco principais áreas da nossa vida, ou ainda, nossas cinco inteligências naturais: física, mental, emocional, espiritual e financeira.

Renovando-se à luz das inteligências naturais

"Com o equilíbrio das nossas cinco inteligências naturais – física, mental, emocional, espiritual e financeira – desvendamos o segredo da boa saúde e da prosperidade plena."

Inteligência natural é a capacidade de interpretar, pensar e raciocinar de maneira sistêmica e praticar hábitos para harmonizar corpo, mente e espírito. Como já conversamos antes, o segredo da boa saúde e prosperidade total reside, portanto, no equilíbrio das quatro inteligências naturais – física, mental, emocional, espiritual – acrescidas da inteligência financeira, que nos ajuda a lidar com o mundo material, com o mundo externo a nós. É com base na harmonização da inteligência física, mental, emocional, espiritual e financeira, que devemos, a cada dia, organizar as nossas atividades e pensamentos.

Ainda não havia dado oito horas da manhã quando o radiotáxi, branco com listras grossas de cor azul, deslizou sem pressa em frente ao Copacabana Palace Hotel, no Rio de Janeiro. Chegou ao final da Avenida Atlântica, em frente ao Forte de Copacabana, virou à direita, cruzou uma ruazinha e saiu direto na praia de Ipanema. Continuou devagar pela Avenida Vieira Souto, até parar em frente ao Caesar Palace Hotel.

Chico perguntou ao taxista:

— Quanto foi, senhor?

Ao ouvir o valor dito pelo motorista do táxi, contou o dinheiro, pagou a corrida e disse, como era seu hábito fazer:

O domador de tempestades

— Grato! Fique com o troco.

Chico desceu do táxi e, na calçada, virou-se para o mar e respirou fundo. "Como é bom respirar o ar da minha terra", disse. Ele residia já havia cinco anos na Costa Rica e, apesar de voltar umas duas ou três vezes por ano ao Brasil, por necessidade de seu trabalho, sempre tinha muita satisfação em sentir-se em casa.

Dirigiu-se à entrada do hotel, onde foi recebido pelo concierge que, com um sorriso, se aproximou e pegou suas malas:

— Bom dia, senhor Chico. Seja bem-vindo.

— Bom dia! Como vai, Santana? – Chico respondeu e subiu rapidamente as escadas, passando pela porta-carrossel da entrada e chegando ao enorme salão do lobby do hotel. Fez rapidamente o seu check-in e solicitou ao atendente que deixasse suas malas em seu apartamento. Depois, subiu diretamente para a academia de ginástica, no último andar da hospedagem.

Assim que saiu da porta do elevador em direção ao salão, deu uma olhada através dos arcos de proteção, deliciando-se com a bela vista da praia de Ipanema. A água do mar cintilando, tingida de tons alaranjados, cinzas e, às vezes, avermelhados, emoldurava o reflexo do sol.

— Olá, bom dia! Como vai, Chico? – perguntou Bob, estendendo a mão em cumprimento. Bob Carr era o vice-presidente internacional da empresa em que trabalhavam e o médico responsável pelos programas de bem-estar e resiliência.

Antes que Chico pudesse responder, ele continuou falando rápido, como era sua característica:

— Parabéns, viu? Pelos seus oito pupilos. Eles chegaram cedo e estão muito animados com o programa e já estão praticando os exercícios.

Tratava-se do Programa Atleta Corporativo[1], iniciado como estudos na Universidade de Harvard e, posteriormente, levado ao meio corporativo, no formato de uma academia que oferecia um sistema inovador de desenvolvimento pessoal, com o objetivo de elevar, extraordinariamente, o estado psicofísico do profissional, trazendo maior motivação e aderência ao projeto corporativo.

— É um prazer estar aqui com você, meu amigo Bob. Já chegaram todos os gerentes? – Chico perguntou, surpreso.

— Confirme comigo – disse Bob, contando nos dedos. — Temos os gerentes de RH da Costa Rica, Guatemala, Panamá, Jamica, Colômbia, Equador, Peru e Venezuela. Certo?

— Perfeito – respondeu Chico, subindo na balança para ver seu peso e medir a massa muscular.

---

1 Disponível em: < http://www.corporateathlete.org/curso-ca-full.html>.

— Parabéns, está tudo dentro dos limites normais. – comentou Bob, olhando para a balança. — Que tipo de dieta e exercícios você pratica? – perguntou.

Chico deu uma piscada e uma risadinha, subiu na esteira e respondeu:

— Algum dia eu conto, Bob, sobre a Unibiótica.

Concentrou-se nos comandos da esteira e começou a caminhar. Nisso, a sua mente viajou alguns anos para o passado, ano de 1988, lembrando-se de sua terceira participação nos cursos de Probiótica, ministrados pelo Mestre Dr. Jong Suk Yum, na Casa de Retiros Imaculado Coração de Maria, em São Roque, São Paulo. Lembrou-se do seu primeiro projeto de vida, considerando os quatro princípios da Unibiótica que, segundo o mestre, não somente neutralizam as doenças, mas também acalmam os pensamentos e abrandam as mentes violentas.

Tudo é uma soma de saberes – pensou. E a sua mente viajou novamente, agora para o ano de 1996, ao Espaço Colmeia, no Jardim Europa, em São Paulo, no curso de Prosperidade e cura das relações, com o Mestre Choa Kok Sui. A ênfase era na inteligência espiritual associada a poderosas e preciosas técnicas de meditação e à inteligência da prosperidade financeira.

Assim, de aprendizado em aprendizado, em agosto do ano 2000, Chico participou de um treinamento chamado leader training, realizado em um hotel na cidade de Atibaia, no Estado de São Paulo. Lembrava sempre com muita clareza de um dos principais exercícios:

— Soldado Chico?

— Sim, senhor! – respondeu, batendo continência.

— Apresentar armas, soldado. – ordenou o mestre Tadashi Kadomoto[2].

Assustado, com os olhos arregalados, Chico perguntou:

— Quais armas, senhor?

— Soldado Chico! O seu projeto de vida é a única arma capaz de ajudá-lo a vencer as batalhas da vida. – respondeu o mestre.

Com a cara amarrada e com as duas mãos para trás, observando Chico, estava o outro mestre, Yoshio Kadomoto[3], que, soltando uma das mãos, esticou o braço e indicou em direção ao tambor d'água:

— Já para a água! – disse num grito.

Correu na direção indicada. Duas pessoas o receberam, uma inclinou a cabeça dele em direção ao tambor d'água e o outro, com uma das mãos, despejou uma caneca de água fria na cabeça dele. Com a outra mão, entregou-lhe uma toalha.

Chico nem se secou direito. Saiu dali com raiva, pisando alto, e correu para o seu quarto para buscar o seu plano de vida. Pouco depois, chegou de volta ao

2 https://www.tadashi.com.br/
3 https://www.yoshiokadomoto.com.br/

O domador de tempestades

salão, ainda bufando, revoltado, e parou, de repente, ao perceber que todos os participantes estavam no centro, formando um círculo. Alguns perceberam a sua presença e ele se apressou em se encaixar entre eles.

Assim que se acomodou, Chico olhou para a frente e deu de cara com o Mestre Tadashi:

— Soldado Chico? Está atrasado? – perguntou.

Yoshio, mais uma vez soltando as mãos, indicou:

— Já para o "X" – disse.

Chico correu para o X no centro do círculo.

— Soldado Chico, apresentar armas! – ordenou Tadashi.

— Sim, senhor. Aqui está o meu projeto de vida – respondeu Chico, batendo continência e apresentando a sua cartolina.

— Soldado Chico, de nada adianta ter as suas armas e querer vencer se você pensar que não vai conseguir. Sem acreditar nela, a vitória não sorrirá – disse o Mestre Tadashi.

— Já para a água – disse novamente Yoshio, com a cara amarrada, esticando o braço e apontando a direção.

Chico saiu bufando novamente e levou outra caneca d'água fria na cabeça. A pessoa que lhe entregou a toalha disse:

— Fique ligado. Agora é a hora de você declamar a filosofia do sucesso, pois sem ela o seu projeto de vida não passa de um papel.

Finalmente, Chico entendeu em toda sua plenitude o segredo e a importância de completar o seu projeto de vida, de ter um plano de vida montado e estruturado e colocar as ações corretas para tornar esse plano real. Esse foi um dos grandes ganhos vindos desse treinamento, algo que ele carrega por toda sua vida.

Chico estava se sentindo realizado. Há alguns anos, vinha fazendo o seu próprio plano de vida e obtendo excelentes resultados e, por isso, esforçava-se muito em incluir alguns desses ensinamentos de seus mestres nos programas de resiliência, QVT e bem-estar nas empresas em que era responsável por esses programas.

No Programa de Atleta Corporativo, Chico percebeu que, ao enfoque do modelo composto pelas quatro inteligências – física, mental, emocional e espiritual –, poderia agregar também a inteligência da prosperidade financeira. E assim fez, acrescentando atividades cientificamente estruturadas aos seus programas de QVT e bem-estar, com embasamento nos treinamentos ministrados pelo Human Performance Institute[4].

Com um bom trabalho de equilíbrio das nossas cinco inteligências naturais – física, mental, emocional, espiritual e financeira – nos habilitamos a des-

---

4 https://www.jjhpi.com

vendar e aplicar o segredo da boa saúde total e da prosperidade plena. Vamos conversar um pouco mais sobre como devemos agir em cada uma delas, para que possamos organizar melhor a nossa presença e a nossa atuação na vida.

Na inteligência física

Construir resistência física inclui hábitos que devem ser formados por uma boa alimentação, exercícios físicos, água e vitaminas. A boa alimentação, ou comer bem, não significa comer muito nem comer o que se deseja, mas, sim, seguir o princípio 80/20, em que 80% dos alimentos são saudáveis e necessários para uma boa saúde e os 20% restantes são guloseimas.

Ações do lado pessoal devem ser definidas para construir resistência física, com exercícios, comendo somente a quantia equivalente a "cinco palmas de mão[5]" no almoço e no jantar, fazer cinco refeições diárias, incluindo desjejum e pequenos lanches, comer a cada três horas e tomar água e vitaminas suplementares.

Algumas ações do lado empresarial – é importante estabelecer nas empresas iniciativas com o objetivo de gerar compromisso mútuo – entre a empresa e seus colaboradores – para obter harmonia entre carreira e vida, para capacitar os profissionais, usando uma técnica de construção de um plano de vida, alinhando seus desafios de trabalho ao seu propósito de vida.

Na inteligência mental

A inteligência mental aumenta as nossas capacidades cognitivas: foco, visualização, administração do tempo e habilidades para o pensamento crítico positivo.

Melhorar o nosso foco significa concentrar energia a serviço e realização de uma meta ou objetivo específico. Cuidados com a qualidade dos pensamentos são condições indispensáveis para sua paz interior. Pensamentos construtivos ou destrutivos influenciam, sobremaneira, o seu estado emocional interno, a sua energia, a sua forma de se comportar e de agir.

Algumas ações do lado pessoal – concentrar a energia física e mental em estudos, desenvolver a capacidade cognitiva, trabalhar o seu propósito de vida, o seu sentido de utilidade, desenvolver hábitos de leitura, concentração, repouso, meditação e de aprendizagem contínua. Já a visualização é

---

5 Mãos servem de medida para porções de alimentos e podem evitar escapadas da dieta. Veja em: https://extra.globo.com/noticias/saude-e-ciencia/maos-servem-de-medida-para-porcoes-de-alimentos-podem-evitar-escapadas-da-dieta-18237440.html

O domador de tempestades

uma prática que produz energia positiva e tem resultados palpáveis no nosso desempenho, gerando otimismo e bem-estar de forma balanceada. Vigiar a qualidade de seus pensamentos.

O que você pratica?

Mensagem de Prem Rawat, por Ali Sherazi[6] :

> Minha pergunta para você hoje é: o que você pratica todo dia? Pois você se torna bom naquilo que pratica. O que você pratica? Você pratica alegria na sua vida? Você pratica paz na sua vida? Você pratica felicidade na sua vida? Ou você pratica muita reclamação? Porque se você reclama, você ficará muito bom nisso. E ficará tão bom nisso, que achará defeito em tudo. Mesmo quando não há defeitos que um leigo não consegue ver. Você sendo um especialista, irá ver. O que você pratica? Você pratica raiva? Porque se você pratica a raiva, você ficará muito bom nisso. E ficará tão bom nisso, que o acontecimento mais trivial o deixará com raiva. Coisas triviais, como se sentar no avião e ver que o assento da frente aparenta ser melhor que o seu, e isso parece muito injusto por parte da companhia aérea. O que você pratica? Você pratica preocupação? Porque se você pratica a preocupação, você ficará muito bom nisso. E ficará tão bom nisso, que tudo o preocupará. Inclusive problemas que você não possui. Então eu proponho: se tudo é uma questão de praticar, eu proponho que pratique a felicidade.

Algumas ações do lado empresarial, afinal as, empresas precisam cuidar do seu clima interno, inovar para formar e educar seus profissionais para o alto desempenho no trabalho.

Na inteligência emocional

Estados internos de emoções positivas elevam a energia necessária para um alto desempenho em situações como, por exemplo, enfrentar desafios, assumir compromissos, manter o foco, agir com otimismo e confiança. Já as emoções negativas drenam a energia e produzem frustração, impaciência, angústia, medo, tristeza, ressentimento.

6 https://www.youtube.com/watch?v=ZqmyheRPa_0&t=8s

Emoções mal controladas e mal orientadas estão entre as principais origens do comportamento irracional. Quando as emoções saem do controle surgem comportamentos que, na maior parte das vezes, tendem ao mal-estar e ao arrependimento.

A gestão ideal das emoções consiste na capacidade de autocontrole, reflexão, adaptabilidade e inovação para evitar situações de respostas tardias ou precipitadas. Alguns hábitos específicos ajudam a direcionar corretamente as emoções e os sentimentos, controlar o estresse e renovar a energia positiva. A postura corporal também é outro fator importante, pois influencia na qualidade das emoções.

Algumas ações do lado pessoal – não podemos deixar que a pressão do mundo externo afete negativamente o nosso equilíbrio interior, ou que desvie a nossa mente do que realmente é importante. A qualidade dos nossos pensamentos está intimamente ligada à qualidade de nossas emoções. Ela forma um estado interno de emoções, passa a ser uma fonte que precisa ser controlada, preservada, aprimorada e estimulada a desenvolver o seu potencial de forma mais positiva.

Por exemplo, um navio afunda quando o seu casco é rompido e entra água em grande quantidade em seus compartimentos. Entretanto, se a embarcação for bem manejada e o seu casco for reforçado, pode atravessar a maior das tormentas e permanecer seguro. A tempestade lá fora não afetará a tranquilidade do lado de dentro. E, em breve, a tormenta passará e o navio voltará à normalidade. O mesmo acontece com a nossa mente, quando evitamos que os problemas do mundo exterior invadam o nosso interior.

É preciso desenvolver hábitos saudáveis, de modo a manejar o nosso estado emocional, a partir dos nossos pensamentos. Precisamos estabelecer em nós o estado ideal de gestão das emoções, do autocontrole, dos relacionamentos com amigos e pessoas que nos são importantes, além de nos proporcionar momentos de recuperação de energia, como descansos, esportes, passatempos, relaxamentos e interação social.

Presenteie-se com momentos de mimos, pelo menos uma vez ao mês, dedique tempo e atenção para cuidar e presentear você com algumas mordomias. Cuide da sua energia pessoal, desfrute um dia de um bom spa, tome banho de cachoeira, faça caminhada na natureza, receba uma boa massagem, assista a um bom filme, convide um bom amigo para um bom papo, ou simplesmente organize um bom jantar com uma champanhe ao lado da pessoa que escolher.

Gerir adequadamente suas emoções é uma competência que marca o caminho em direção à aprendizagem, para gerar emoções positivas e desen-

O domador de tempestades

volvimento emocional. Gestão da emoção, portanto, resume-se à busca da paz interior. Paz de espírito, sensações de tranquilidade, leveza e plenitude. Nessa condição, podemos dizer que estamos experimentando sensações de felicidade, pois ela está no nosso mundo interior e não no mundo exterior.

Algumas ações do lado empresarial – as empresas devem considerar que o alinhamento ideal das emoções varia de indivíduo para indivíduo, conforme suas características, e que é preciso observar os novos fatores das distintas gerações de profissionais que compõem seus quadros.

Na inteligência espiritual

Inteligência espiritual é a energia desencadeada a partir dos valores mais profundos de nosso ser e da definição de um forte sentido de propósito de vida. Essa inteligência atua como sustentação nos momentos de adversidade e é uma poderosa fonte de motivação, foco, determinação, resiliência e criatividade. Ela se fortalece no sentimento de utilidade existencial. Em servir ao próximo, ser útil à família, à sociedade e na construção de um legado que se pretende deixar neste mundo, transmissão dos conhecimentos e experiências adquiridas ao longo da vida como um propósito de retribuir às pessoas um pouco daquilo que a vida trouxe.

Algumas ações do lado pessoal – criar novos hábitos para desenvolver poderosa fonte de motivação, determinação e resistência: missão de vida, crenças, valores, família, comunidade, etc.

Ali no meio das pessoas, cinco ou seis, estava a figura de uma jovem morena, Eliana Yungo, cavando um buraco no chão, no sítio Portão do Céu, para improvisar um forno de barro. Ainda não havia concluído seus estudos de conselheira espiritual e de massoterapeuta, que eram longos e severos. Nesse período, a forte convivência social com diferentes grupos de pessoas era a forma que encontrara para criar hábitos saudáveis, encontrar motivação, sentido de utilidade e fortalecer a inteligência espiritual.

Eram quase quatro horas da tarde, o sol estava baixando e um vento fresco de outono começava a soprar. De longe, Chico avistou o grupo que se dedicava a cavar. Andava lentamente, pois trazia em suas costas uma caixa de isopor com uns 15 quilos de peixe.

Chico e seu amigo, Sidney Kerr, seu dentista, haviam chegado depois de três dias de pescaria em Porto Murtinho, no Pantanal brasileiro. Pescar era mais um dos seus passatempos favoritos, além da natação, dos acampamentos, dança de salão, cursos alternativos e yoga. Porém, agora, o sentido de utilidade o enchia de orgulho, pois iria alimentar um grupo de pessoas numa vivência espiritual no sítio da espiritualista Manuella, na cidade de Socorro, interior de São Paulo.

Os peixes – pacus, bagres, pintados e até um troféu de pescador, um lindo dourado – pescados pelo Chico foram temperados por Eliana e algumas pessoas, foram envoltos em cascas de bananeira, colocados dentro do buraco no chão, de onde se removeu a fogueira, depositando as brasas e a terra quente sobre os peixes.

A ceia foi saborosa, antes de o grupo se dedicar ao retiro espiritual e à meditação no grande templo no sítio, que o grupo havia construído em trabalho de mutirão.

O ritual se iniciava com todos sentados em um círculo no grande salão em forma de mandala. Chico, como sempre, de forma mental, repetia a sua oração inicial: "Obrigado, Senhor, meu Deus Supremo, por fazer parte do seu Ser. Por ter sido feito a Sua imagem e ter recebido de Vós a inteligência para evoluir e procurar ser a Sua semelhança. Por estar envolvido pelo círculo mágico de Seu amor eterno. Todo o seu exército me protege e eu estou imunizado pelo Seu Espírito vivo e todo poderoso".

Enquanto todos permaneciam concentrados, em silêncio, cada qual na sua forma meditativa pessoal, alguns grupos de três pessoas se dirigiam, alternadamente, ao subsolo do templo, ambiente que reproduzia o centro de energia do corpo humano, o chakra da base, por estar embaixo do solo, com suas cores, umidade, energia e mantras bem característicos.

Após a meditação concluída nesse chakra da base, enquanto outras três pessoas tomavam então o lugar, o grupo, por sua vez, seguia para a torre do templo, onde cada andar reproduzia os demais chacras, um a um, do umbilical ao solar, cardíaco, laríngeo, frontal e coronário, com suas cores, energia e mantras próprios, onde o grupo concluía suas meditações numa "viagem" ao interior de cada chakra.

Chico estava renovado. Na segunda-feira seguinte, tinha energia total para enfrentar a reunião de alta diretoria, na multinacional em que trabalhava – apesar de, em algumas vezes, pensar e até lamentar que a vida real parecesse estar tão distante daquela vivência mística e meditativa. Mesmo assim, ele seguia em frente, pronto para encarar mais um mês de árduo trabalho junto aos altos executivos.

Deu-se conta da dinâmica de sua realidade: no final de semana estava no sítio Portão do Céu e na segunda-feira já participava de uma reunião de alta diretoria, discutindo projetos. Na sexta-feira da mesma semana, estaria no escritório central da empresa em Miami, apresentando projetos de gestão de pessoas, para um grupo de profissionais de vários países. Quanta diversidade!

Sim – pensou Chico. Eu realmente preciso sempre "encontrar uma poderosa fonte de motivação". É isso que me dá o equilíbrio para ter paz e felicidade em cada momento e em cada atividade à qual me dedico.

Algumas ações do lado empresarial – quanto mais humana a organização, mais ferramentas para a eficiência e saúde ela dará, para assim ter colaboradores motivados que entreguem os resultados exigidos.

O domador de tempestades

Inteligência financeira

A programação mental positiva em relação ao dinheiro é a maneira mais eficiente para obter prosperidade financeira. Tanto a prosperidade quanto a abundância em seu sentido mais amplo fazem parte da condição humana e estão ao alcance de todos, bastando apenas acreditar para ter acesso a elas.

É preciso ter consciência do tipo de crenças de merecimento que foi incutido em nossa mente. Historicamente, alguns dogmas religiosos incutiram na cabeça das pessoas a ideia de que o dinheiro é sujo, que não traz felicidade ou que quem é rico não pode se salvar. Sendo que, na realidade, o dinheiro é uma energia divina (como está na Bíblia, em Mat. 25, na parábola dos talentos) que faz parte da condição essencial para a evolução do ser humano.

Mude a sua programação mental e assuma que o dinheiro serve para você evoluir e ajudar muitas pessoas a evoluírem. Reforce a crença de que recebeu o dom da vida, para cumprir com uma missão de deixar um legado valioso. O dinheiro não deve vir em primeiro lugar, mas, sim, como a recompensa por tudo que você faz com amor e dedicação. A felicidade advém daquilo feito com paixão e compaixão, e proporcionará a recompensa monetária, e não o contrário.

Pratique, experimente e veja os resultados da sua gratidão pelo que já tem e pela obtenção daquilo que deseja ter. Habitue-se a doar aos outros tudo aquilo que você deseja para si. Se desejar ter sucesso na vida, ajude primeiro outros a terem sucesso, se desejar reconhecimento, primeiro reconheça o bem que outros fazem, se desejar ter amor, primeiro dê amor. Tudo o que doar voltará multiplicado.

Não caia na armadilha de pensar em ganhar dinheiro e poupar para o momento de escassez ou de uma emergência, porque, nesse caso, a energia que estará enviando ao seu cérebro irá atrair aquilo que está mentalizando, ou seja, os momentos de escassez. Pense sempre que você irá conseguir tudo o que desejar, que irá poupar para desfrutar de merecidas férias, porque é merecedor disso.

Quanto mais justa for a prática das políticas internas, mais confiança e engajamento as empresas conseguirão. Procedimentos éticos, justos, de reconhecimento e valorização do ativo intelectual formam o maior patrimônio de uma organização.

Busque o equilíbrio das suas cinco inteligências naturais: física, mental, emocional, espiritual e financeira. Faça a renovação dos seus objetivos, traçando um plano de vida que envolva todas essas áreas do seu ser. A harmonia dessas cinco inteligências levará você a cumprir com assertividade e satisfação a sua missão de vida.

Valorizando a sua conexão com a natureza

"A natureza e os homens amam a saúde – seja esta máxima o teu guia na vida. A ciência de todos os sábios não vai mais além."

(R. Waldmuller)

A natureza é essencial à vida no planeta e à integração do homem com o universo. Segundo o Mestre Dr. Yum[1], quanto mais as pessoas se afastam da natureza, mais elas perdem a saúde. Na integração com a natureza, a pessoa irá aprender a observar a beleza da Criação. Observará do macrocosmo ao microcosmo, e aprenderá, com os pequenos detalhes, a inteligência que existe em todas as coisas, do perfume das flores à beleza dos pássaros.

O físico e matemático inglês J.C.Mackay escreveu que "o contato com a natureza nos descobre e nos prepara para a amizade".

Pelo que podemos ver, temos a plena consciência de que a natureza é uma presença importante em nossa vida, mas nem sempre manifestamos isso devidamente. A tendência do homem é de não apenas se afastar da natureza, mas também de destruí-la – numa total incoerência e insensatez, porque ele também faz parte desse universo e, portanto, está se destruindo.

A destruição da natureza pelo homem se dá, muitas vezes, por inocência, ou por não entender a importância que ela tem de verdade, ou, o que é pior, por interesses escusos e irresponsáveis.

Seja como for, somente firmando a consciência, pelo amor ou pela dor, da necessidade de preservar a natureza é que teremos chances de

---

1 Dr. Jong Suk Yum – Diagnóstico visual do homem e ABC da Saúde / Unibiótica.

O domador de tempestades

continuar a viver e desfrutar de um mundo tão belo e perfeito, que nos foi dado por Deus.

Era ainda bem cedo, antes das dez horas da manhã, quando chegaram ao sítio da tia do Anésio, amigo do Chico. Foram correndo para o celeiro, uma espécie de depósito de ferramentas, sementes e colheitas. Recolheram rapidamente duas peneiras grandes e correram em direção ao lago nos fundos da propriedade. Pararam no caminho e cortaram algumas varinhas.

Na beira do lago, Chico e Anésio foram abrindo caminho por entre plantas aquáticas conhecidas como taboas, que têm um cacho aveludado na ponta, parecendo com as varetas de fogos de artifício utilizadas nas festas juninas.

Chegando a uma clareira, em cima de um platô um pouco mais alto, tomaram as peneiras, as varinhas que colheram e algumas cordas de cipó e se dedicaram a montar armadilhas, colocando em seu interior os grãos de milho que haviam trazidos nos bolsos. Tinham a expectativa de pegar algumas saracuras, aquelas galinhas d'água de pernas avermelhadas.

Voltaram correndo pela mesma trilha deixada por eles. Pararam a uma certa distância, sentaram-se e ficaram esperando, mas o tempo passava e nada da ave aparecer. O sol do verão começou a castigar – já era quase meio dia. Chico virou para o amigo, com a mão na testa tapando o sol, e disse:

— Vamos deixar a armadilha aí e mais tarde voltamos para ver se pegou alguma galinha. Anésio concordou e ambos saíram correndo de volta à casa.

Chico corria logo atrás de Anésio. Mal chegaram em frente ao celeiro e Chico tropeçou, caiu e ralou os joelhos. Suas típicas calças curtas não o protegiam devidamente. Sentou-se no chão, olhando o joelho ensanguentado e começou a choramingar.

Anésio parou, não sabendo o que fazer, e perguntou:

— Tá doendo? Mas não escutou resposta, pois saiu correndo em disparada, ao ver alguns estilingues pendurados no tronco do lado de fora do celeiro. Pegou dois, voltou e deu um para Chico, que esqueceu imediatamente da dor nos joelhos, entusiasmado com o novo brinquedo. Enveredaram por entre as árvores, olhando para cima, tentando ver algum pássaro.

Chico logo se deu conta da presença de um deles, à meia altura, no galho de uma árvore. Avançou na ponta dos pés, passo a passo, e quando teve uma boa visão do bichinho, disparou uma pedra em direção a ele. Ainda conseguiu ouvir o som do projétil e ver a pedra passando entre as pernas e o peito do pobre pássaro. Assim que ele caiu do galho, correu para agarrar sua caça.

A cena também chamou a atenção de Anésio, que chegou correndo. O garoto exclamou, assustado:

— Nossa! É o João de Barro de estimação da minha tia.

— Quê? – perguntou Chico.

— Sim. Eu conheço ele. Ela cuida dele desde pequeninho.

Tamanho foi o susto de Chico, que ele tomou na mão o João de Barro desmaiado e correu para o celeiro. Parou diante de uma torneira, molhou a mão e passou com cuidado na cabecinha do pássaro. Olhou para Anésio e disse:

— Sua tia vai ficar muito brava.

— Sim – respondeu o amigo.

— E agora, o que vamos fazer? – perguntou Chico.

— Temos que esconder ele – respondeu Anésio. — Se a minha tia souber, não sei o que irá fazer.

Chico ficou apavorado e logo olhou para um balaio feito de tiras de bambu, que estava ao lado. Levou o João de Barro, pensando em colocá-lo dentro. Nisso, sentiu um ligeiro tremor nas mãos, como se o pequeno pássaro estivesse sofrendo. E então, ficou muito tocado com o que havia feito. Triste e arrependido, olhava para o pássaro com compaixão. Nunca tinha sentido tanta comoção e nem prestado tanta atenção ao significado da vida de uma ave.

De repente, a pequena ave despertou e saiu voando, ainda meio tonta. Que alívio! Chico saiu caminhando atordoado, em direção à casa. Os joelhos machucados voltaram a doer, mas isso já não era o principal problema, mas, sim, a culpa que sentia pelo que poderia ter ocorrido ao passarinho. Foi nesse momento que prometeu para ele mesmo que nunca mais caçaria animais indefesos. Aquela havia sido a sua última caçada.

Chico passou a respeitar profundamente a natureza e toda vida nela contida, agora com muito mais devoção, amor e carinho. Procurou aprender sobre tudo o que se relacionava à natureza, de maneira que pudesse fazer o seu melhor para preservá-la. Aprendeu também sobre os chamados "quatro elementos da natureza" – água, ar, terra e fogo – de modo a compreender melhor a relação entre todos eles e a vida.

Descobriu que esses quatro elementos são considerados, como tudo o que é essencial à vida no planeta, além de representarem, de maneira simbólica e espiritual, uma forma de integração do homem com a natureza, uma ligação do homem com o universo.

Assim, mesmo tendo se mudado para a cidade grande, o lazer preferido de Chico sempre foi o contato com o campo, rios, montanhas e praias. Durante pelo menos uma década da sua vida adulta, ainda com suas duas filhas pequenas, os passeios preferidos da família sempre envolviam atividades de camping natural. Acampavam quase todos os feriados prolongados e durante as férias. Algumas poucas vezes nas montanhas, mas principalmente na praia. Do litoral Sul ao litoral Norte de São Paulo, acamparam em muitas praias, de Peruíbe, Prainha Branca e Guaratuba, em Bertioga, Camburi e Camburizinho, Maresias, Ubatuba e Caraguatatuba, Mococa, Promirim, da Fazenda, Guaratuba, litoral Norte até Paraty.

Depois de três ou quatro horas dirigindo o seu Passat cinza, Chico, finalmente, chegou a uma de suas praias preferidas. Na beira da estrada Rio-Santos, antes de

O domador de tempestades

iniciar a descida em direção à praia, parou o seu carro e todos desceram para tomar o primeiro banho de cachoeira, nas águas que desciam da Serra do Mar. Era o seu costumeiro contato com o elemento água, considerado um dos símbolos sagrados em quase todas as religiões, geralmente representado por recipientes como taças, ou apenas por um rio, lago ou mar, nas cerimônias em homenagem à mãe natureza.

Refeito com a ducha da natureza, desceu até próximo da praia, parou o carro numa sombra de árvore, retirou a barraca do bagageiro do carro, montou-a e cavou a terra, fazendo uma vala ao redor, para prevenir entrar água das tempestades. Então já estava em contato com o elemento terra, considerado o reino da abundância, prosperidade e riqueza. Ele é o mais físico dos quatro elementos, pois sobre ele todos os outros se sustentam. Sem a terra, a vida como a conhecemos não poderia existir. Sendo por isso considerada a sustentadora das forças da natureza.

Terminadas as operações iniciais de chegada ao local de acampamento, era hora de enveredar-se pela mata para recolher troncos e galhos secos e preparar a fogueira para a noite. Uma fogueira era indispensável, pois era ao redor dela que ao cair da noite todos se reuniam, três ou quatro famílias amigas, umas dez ou doze pessoas entre adultos e crianças, para apreciar o fogo, contar suas estórias e cantar até altas horas da noite.

O elemento fogo representa a energia, a força cósmica que impulsiona o mundo. No corpo humano o fogo representa o nosso metabolismo e o calor corporal. No campo mental e emocional ele representa as paixões que nos move e dá sentido para a vida. Assim, pode ser associado à motivação, desejo, intenção, ímpeto e espírito aventureiro.

De manhã bem cedinho, o despertar para um novo dia era recebido com alegria e gratidão por acordarem nesse ambiente da Criação, onde tudo é perfeito e existe independentemente da ação do ser humano. Chico tomou um gole d'água de sua caneca branca esmaltada e caminhou em direção ao mar. O sol estava quase por apontar no horizonte. Sentou-se na areia, sentindo o toque de seu corpo nos grãos do solo.

A sua frente, do lado direito, avistou uma árvore e, embaixo dela, uma pedra. Fechou os olhos e meditou, sentindo a brisa do mar em sua face, parecendo sentir a presença de seu mestre e ouvindo sons distantes que vinham do seu lado esquerdo, como se golfinhos estivessem comemorando mais um dia. O elemento ar se fazia presente. Ele está ligado ao campo das ideias, processos mentais, comunicação, mudança, o movimento, conhecimento, sabedoria, estudos e liberdade. É o elemento que se sobressai nos locais de aprendizagem e nos quais ponderamos, pensamos e teorizamos.

Chico havia aprendido o valor da natureza e da comunhão diária com os quatro elementos: água, ar, terra e fogo. E passou a compreender tudo o que é essencial à vida no planeta e à integração do homem com o universo.

Assim, desde o ambiente interiorano onde cresceu, o contato com a natureza sempre foi uma constante na vida de Chico. E com seu aprendizado e com um novo

Valter Assis

entendimento do mundo, a natureza ganhou força a cada novo dia de sua vida, quer seja no campo, na praia ou na cidade. Ele sempre arrumava tempo para comungar com a natureza e observar em silêncio a inteligência que existe em todas as coisas vivas.

Observar a alvorada, ouvir o ruído do oceano ou o burburinho de um riacho, admirar os pássaros, ou simplesmente sentir o cheiro da mata e o perfume de uma flor sempre foram coisas que fizeram parte do seu dia a dia. Chico sempre se admirou com a inteligência e a independência que existe no mundo da Criação. E sempre demonstrou profundo respeito pela natureza.

Certa vez, caminhando por uma calçada no centro de Santo Amaro, zona sul de São Paulo, Chico olhou admirado para a imponência de algumas árvores centenárias existentes no local. Parou em frente a uma delas, admirou o seu tronco, ergueu a cabeça e olhou para cima tentando adivinhar a sua altura. Foi a primeira vez que sentiu uma atração tão forte por uma árvore que abraçou o seu tronco enorme e teve vontade de falar alguma coisa para ela. E assim o fez. Nem se preocupou se alguém o observava. Afastou-se um pouco do tronco e sentiu alguns estalos embaixo dos sapatos. Eram vagens com sementes da árvore. Instintivamente, recolheu algumas delas, levou para casa e as planou numa lata de 20 litros. Tempos depois, descobriu que se tratava de um Pau-Brasil.

Dois anos depois, havia comprado e reformado uma nova casa, em outro bairro. Na mudança, a arvorezinha de pouco mais de um metro de altura foi transportada com todo cuidado e plantada no quintal do novo lar. Foi a primeira de uma série de árvores que Chico plantou na sua vida.

Com o passar dos anos, cada vez mais foi cultivando plantas e flores. Na maioria dos treinamentos externos que ministrava, sempre havia um momento para a integração do grupo com a natureza, um tempo para observar o macrocosmo, a floresta e montanhas e o microcosmo, desde uma folha caída a um inseto, de um ninho de pássaros a uma gota d'água nas folhas.

Mesmo nos períodos em que morou em outros países, como na Costa Rica e no Texas, Chico seguiu plantando árvores e cuidando da natureza.

Ao longo de sua vida plantou Mognos e muitos Chapéus-de-sol, plantas brasileiras bem conhecidas e apreciadas. Em um dia especial, em um dos aniversários de sua esposa, deu de presente a ela uma muda de Flamboyant e a plantou nos fundos de sua chácara, onde cresceu frondosa, muito além dos três metros de altura.

Assim segue o Chico, espalhando natureza por onde passa.

Melhore e valorize a sua conexão com a natureza. Esteja mais conectado com as bênçãos naturais que existem a sua volta e você vai se tornar uma pessoa menos estressada e menos ansiosa. Se prestar atenção, poderá apreciar algumas coisas maravilhosas com atos simples como:

O domador de tempestades

1. Pare por pelo menos um minuto durante o dia, e preste atenção no canto de algum pássaro;
2. Observe as cores das diversas flores de um jardim;
3. Observe os diferentes tipos de árvores ao seu redor;
4. Preste atenção nos raios de sol, quando eles transpassam as nuvens e caem sobre a paisagem;
5. Sinta o vento tocando o seu rosto;
6. Ouça o som dos ventos sobre a natureza;
7. Sinta o perfume da terra, depois de uma tarde de chuva;
8. Ande na grama de pés descalços, sentindo e agradecendo à Mãe Terra;
9. Reverencie a Lua, em todas as suas fases;
10. Admire e cumprimente o Sol, as estrelas, o mar e toda a natureza que nos mantém vivos.

Esses exemplos simples nos conectam com a natureza, funcionam como meditação e oração, nos acalmam e nos ajudam a reduzir a ansiedade, o estresse e a agitação física e mental.

Um pensamento atribuído ao filósofo e escritor francês Montesquieu diz que "a natureza pode ser comparada a um instrumento, ao qual todos os sons correspondem a outras tantas cordas secretas que estão dentro de nós".

De acordo com o que defende o Dr. Yum, quanto mais você se aproxima da natureza, mais saúde ganha. E na integração com a natureza, irá aprender a observar a beleza da Criação.

Enfim, se eu pudesse dar um conselho agora, eu diria: integre-se à natureza e a proteja.

Adote e propague esta ideia: respeite a natureza, mas não o faça apenas com pensamentos e palavras. Faça com atos. Promova ações que não só preservem como também ajudem a restabelecer uma natureza que tenha sido degradada. Seja um agente de transformação que faça deste mundo um lugar melhor para todos viverem.

Filme indicado: *One strange rock*

One strange rock é a extraordinária história do planeta Terra. Fala sobre ele ser tão curiosamente calibrado e interligado, e os motivos que o tornam tão especial e vibrante da vida, apesar de ser parte de uma paisagem cósmica, em sua maioria desconhecida e hostil. Um prestigiado grupo de astronautas que viram a paisagem mais ampla da Terra traz suas perspectivas únicas e narra as memórias pessoais de nosso planeta vistas do espaço.

Valter Assis

Sendo responsável pela prosperidade financeira

"Um dos vários segredos do êxito é fazer o que se possa e saiba fazer bem, e fazer bem tudo o que se faça, sem apetência de lucro nem de fama."
(Longfellow)

Segundo a filosofia Arhática[1], fundada pelo mestre filipino Choa Kok Sui, o dinheiro possui alguns segredos para a prosperidade. Ele dispõe uma energia própria e, portanto, flui como uma corrente elétrica. Essa é a razão pela qual a sabedoria popular diz que não se deve colocar a carteira ou a bolsa no chão, porque traz má sorte – é como se você deixasse que a energia do seu dinheiro fluísse para a terra.

Também o cuidado e o respeito que você tem com o dinheiro define se ele vem, ou se vai embora. Por exemplo, o dinheiro do pedinte é amarrotado, enquanto que o do homem próspero é bem cuidado. Um milionário sempre se abaixa para recolher uma pequena moeda no meio do caminho, não porque ele precise disso, mas por uma questão de respeito. Lembre-se: a maneira como você tratar o dinheiro será a maneira como ele irá tratar você.

Já era noite de domingo quando, em casa, pensando em suas histórias, nos desafios, nos estudos, na saúde, nas conquistas e na sua condição atual, Chico pegou o telefone e marcou um almoço com Eduardo, seu amigo italiano, para o dia seguinte.

---

1 Também chamada de *A síntese das yogas*. Consiste na prática de ativar os *chakras* sistematicamente, de maneira a se chegar a um nível mais elevado de iluminação e expansão da consciência.

O domador de tempestades

Na segunda-feira, durante o almoço, discutiam sobre a condição de vida deles. Avaliaram como estavam quando iniciaram e como era a sua situação agora, em termos da saúde, família, financeiro, patrimônio e perspectiva de vida futura. Como ambos estavam em uma mesma fase de questionamento da vida, decidiram fazer o curso de prosperidade e cura das relações[2], um dos workshops que seria ministrado em breve pelo mestre filipino Choa Kok Sui.

No dia marcado, lá foram eles para o treinamento. Logo que chegaram, entraram por um amplo portão de ferro e seguiram por um corredor lateral em direção aos fundos da residência.

— Uau! – disse Chico ao amigo, ao chegar no quintal da casa, havia dois amplos salões do lado esquerdo, formando um L com a lateral dos fundos do terreno. No centro havia uma linda piscina com pastilhas quadradinhas, ao estilo antigo.

— Puxa! Eu sabia que nesta região do Jardim Paulista ainda existiam muitas chácaras e mansões preservadas da época do apogeu do café, porém nunca tinha estado em uma delas. São lindas! – comentou Eduardo.

Chico e seu amigo foram acomodados em uma sala bem iluminada com a luz natural que entrava pelas janelas. Ainda era bem cedo, antes das nove horas da manhã, porém perceberam que foram os últimos a chegar, pois já encontraram umas 20 pessoas sentadas confortavelmente em almofadas no chão.

Sentaram-se num canto da sala, um ao lado do outro. Chico observava ao redor, todas as pessoas estavam em silêncio. Deteve o seu olhar ao ver o Mestre Choa vestido todo de branco, em postura de meditação, num pequeno palco enfeitado com flores de ambos os lados.

Chico sentiu alguém tocando o seu ombro, virou-se e viu que a assistente do doutor lhe entregava um cartucho, com um sorriso no rosto.

— O que será? – perguntou curioso, olhando para o amigo.

Nisso, o mestre levantou de sua cadeira, dirigiu a sua atenção ao público e iniciou o trabalho com o grupo. Falava em inglês, mas era prontamente traduzido por sua assistente. Foram instruídos a abrir o cartucho e ler o pergaminho que se encontrava dentro dele.

Seguiram a orientação, soltaram o laço que envolvia o cartucho, abriram o pergaminho feito com papel antigo ou reciclado, e passaram a ler silenciosamente as palavras escritas em estilo antigo:

"Pois é assim como um senhor poderoso que, partindo para outro país, chamou os seus servos e lhes entregou os seus bens: a um deu cinco talentos, a outro dois e a outro um, a cada qual segundo a sua capacidade; e seguiu viagem.

O que recebera cinco talentos foi, imediatamente, negociar com eles e ganhou outros cinco; do mesmo modo o que recebera dois, ganhou outros dois. Mas o que tinha recebido um só fez uma cova no chão e escondeu o dinheiro do seu senhor.

2 Institute for Inner Studies: http://www.instituteforinnerstudies.com.ph/

Depois de muito tempo, voltou o senhor daqueles servos e ajustou contas com eles. Chegando o que recebera cinco talentos, apresentou-lhe outros cinco, dizendo: senhor, entregaste-me cinco talentos; aqui estão outros cinco que ganhei. Disse-lhe o seu senhor: muito bem, servo bom e fiel, já que foste fiel no pouco, confiar-te-ei o muito; entra no gozo do teu senhor.

Chegou também o que recebera dois talentos, e disse: senhor, entregaste-me dois talentos; aqui estão outros dois que ganhei. Disse-lhe o seu senhor: muito bem, servo bom e fiel, já que foste fiel no pouco, confiar-te-ei o muito, entra no gozo do teu senhor.

Chegou por fim o que havia recebido um só talento, dizendo: senhor, eu soube que és um homem severo, ceifas onde não semeaste e recolhes onde não joeiraste; e, atemorizado, fui esconder o teu talento na terra; aqui tens o que é teu. Porém o seu senhor respondeu: servo mal e preguiçoso, sabias que ceifo onde não semeei e que recolho onde não joeirei? Devias, então, ter negociado o meu dinheiro com os mercadores e, vindo eu, teria recebido o que é meu com rendas. Tirai-lhe, pois, o talento e dai-o ao que tem os dez talentos; porque a todo o que tem dar-se-lhe-á, e terá em abundância; mas ao que não tem, até o que tem ser-lhe-á tirado. Ao servo inútil, porém, lançai-o nas trevas exteriores; ali haverá o choro e o ranger de dentes."
(Mateus 25:14-30)

O Eduardo foi o primeiro a terminar de ler, enrolou novamente o pergaminho, olhou para o lado e, vendo que Chico também terminava, inclinou a cabeça para chegar um pouco mais perto e cochichou:

— Nossa, isso é forte. E acrescentou: – É a Parábola dos Talentos, da Bíblia Cristã. Ela é como um ensinamento para os cristãos. Tradicionalmente, a Parábola dos Talentos tem sido vista como uma exortação aos discípulos de Jesus, para usarem seus dons únicos, dados por Deus, a serviço de Deus e a assumirem riscos pela causa do Reino de Deus.

Fez uma pausa. Olhou novamente para Chico, que não disse nada e estava com ar pensativo. Então, inclinou-se novamente e continuou cochichando:

— Esses dons, segundo eu entendo, incluem as habilidades pessoais. Os ditos talentos no sentido usual, bem como a riqueza no sentido pessoal, não se tratam de valor monetário exatamente, mas, sim, da potencialidade que o Criador deu a cada um dos seres humanos, independentemente da sua condição física ou social, para realizar a sua missão de vida.

Colocar o foco no seu destino, multiplicar suas atividades, ampliar seus ganhos, proteger o seu patrimônio, ou seja, triunfar e prosperar no sentido mais amplo da sua existência. Assim, a não utilização dos talentos, como a própria parábola sugere, significa que resultará em castigo, pois estaríamos desprezando a dádiva da inteligência recebida de Deus e vivendo uma vida limitada.

Chico, que continuava pensativo, prestava atenção na análise do amigo. Fechou o seu pergaminho, olhou para ele e retrucou:

O domador de tempestades

— Nunca tinha pensado assim! Isso realmente é muito forte. Sempre tive dúvidas a respeito dessa parábola que Cristo contou aos seus apóstolos. Somente agora parece que está ficando mais claro para mim.

— Tendo a concordar com você – meu amigo continuou. — Colocando as coisas por esse ângulo do potencial para a realização e prosperidade, podemos dizer que todos nós recebemos os mesmos dons dados por Deus, independentemente das condições física e social em que nascemos.

— O quero dizer – Chico continuou com sua reflexão – é que, se a todos foi dado um corpo, uma mente e um espírito, se todos nasceram com seu talento único, inteligência e capacidade de realização para fazer algo melhor do que qualquer outra pessoa, então, por que somente alguns conseguem, triunfam, enquanto uma grande maioria fracassa?

Antes do amigo responder, Chico deu outra olhada no pergaminho que segurava com a mão direita, girou-o de um lado ao outro, num gesto como que ganhando tempo enquanto pensava, e novamente arriscou:

— Considerando ainda que dentre esses poucos que triunfam se encontram muitos que nasceram em condições extremamente desfavoráveis, precárias, e alguns até mesmo com deficiências físicas, mas isso não foi impedimento para eles realizarem coisas grandiosas na vida. E concluiu:

— Então, a parábola não serviria para dizer que, se ganhamos esses talentos, a informação da inteligência divina, para que tenhamos vida e prosperidade em abundância, o único responsável pelo nosso sucesso ou fracasso somos nós? Não seria isso?

— Sim, Chico, penso que é isso mesmo – respondeu Eduardo, cochichando um pouco mais alto, pois já havia um "zum, zum, zum" na sala, devido aos comentários das outras pessoas. Continuou: — Todos nós recebemos dons e uma missão a cumprir e, para isso, nos foram dadas condições de descobrir quais são as nossas capacidades e qual é o nosso propósito de vida. Assim, colocar a nossa missão em prática, por meio desses dons que herdamos, nada mais é do que a nossa obrigação, se quisermos triunfar na vida.

Chico argumentou:

— Porém, se não fizermos isso, se nascermos e morrermos sem evoluir, se nos mantivermos na inércia, se culparmos as dificuldades da vida e fracassarmos, isso significará demonstrar a nossa incompetência para utilizar e multiplicar aquilo que nos foi dado. Ou pior ainda, significará trair a confiança de quem nos presenteou e demonstrar nossas fraquezas e conformismo com uma vida medíocre e limitada. Nesse caso, não seria realmente justo ter que arcar com o merecido castigo? – perguntou, por fim.

Não houve resposta, pois foram interrompidos pela voz da assistente, que buscava retornar a atenção do grupo ao mestre. Ele então se levantou de sua cadeira, olhou fixamente para todos, estendeu as mãos para a frente e disse:

— Se você está aqui hoje, agradeça à Deus por isso, pois está recebendo uma nova dádiva D'ele, por colocá-lo no caminho certo do bem-estar e da prosperidade.

O seu desafio começa por descobrir o seu propósito de vida. Pense sobre como e para que você tem vivido até agora. Descubra para que e por que você está aqui. Defina qual é a vida que quer viver de agora em diante. Descubra quais são os seus talentos únicos, suas qualidades particulares, suas habilidades, suas verdades e seus valores na vida...

Assim, durante três dias intensivos, Chico e seu amigo Eduardo foram conduzidos, juntos, com os demais participantes, por etapas do processo de montagem do plano de vida deles, com ênfase na prosperidade financeira.

Por meio da meditação aprenderam a acalmar a mente e a canalizar a energia divina para cumprir com suas missões na vida. Com exercícios práticos, puderam definir as ações concretas a serem incluídas no plano de vida de cada um. Descobriram sobre o poder da visualização e aprenderam a construir elementos visuais com imagens para cada meta definida no plano deles. Assim, tornaram possível que fosse gerada a energia necessária que os levaria a sair do estado de inércia e executar o que era necessário para obter aquele sucesso especial que apenas uma em um milhão de pessoas tem conseguido.

A Parábola dos Talentos, tão conhecida da Bíblia, traz ensinamentos para a nossa vida como um todo, mas também pode ser vista como um ensinamento específico sobre nossas finanças, sobre o modo como lidamos com o dinheiro. Preste bastante atenção a esse conteúdo e, por meio desses ensinamentos, irá perceber que você é o único responsável pela sua prosperidade financeira.

Ainda segundo o que ensina o mestre filipino Choa Kok Sui, o dinheiro possui alguns segredos para a prosperidade e uma energia própria. Para canalizar a fortuna e prosperidade na sua vida, conheça e pratique sempre os sete ensinamentos sobre a energia do dinheiro:

1. Lei da reciprocidade

O dinheiro circulando beneficia a todos. Daí a importância do cooperativismo e da expressão "é dando que se recebe". Para ganhar dinheiro, devemos ajudar os outros a ganharem dinheiro.

2. O valor das doações

Todo dinheiro doado de maneira correta volta multiplicado. Deve-se doar àqueles que precisam. Deve-se doar para manter o local que

O domador de tempestades

possa trazer conforto espiritual. Porém, deve-se tomar cuidado para que a sua doação não seja utilizada de maneira desonesta, para que isso não se volte contra você. A doação precisa ser um ato consciente e muito bem direcionado.

3. Perdoar dívidas

Perdoar é próprio dos fortes. Os fracos não perdoam. Perdoar uma ofensa ou uma dívida e se perdoar é próprio de pessoas que conhecem os segredos da prosperidade. Perdoe, inclusive, dívidas financeiras, quando o seu coração disser que esse é o melhor caminho. Pessoas sovinas jamais encontram a felicidade e a prosperidade verdadeira.

4. Cuidado com a forma de pedir

Quando pedir ao Universo ou a Deus, seja o mais específico possível. Pedidos mal formulados podem acarretar infortúnios. Conta-se que um operador de máquinas pediu ao universo para ganhar muito dinheiro rapidamente, mas não especificou como. No dia seguinte ele se acidentou, cortou o braço e recebeu muito dinheiro do seguro. Portanto, cuidado com o que você pede, porque será atendido.

5. Peça e acrescente

Diante de todo e qualquer pedido que fizer a Deus, acrescente sempre a seguinte afirmação: "Que assim seja, rápida e adequadamente".

6. Como abençoar

Essa fórmula rompe com a má energia da inveja. Em lugar de invejar, deve-se levantar as mãos em direção à pessoa, pedir permissão ao Criador e, segundo a sua crença, dizer: "Deus supremo, eu abençoo essa pessoa pela sua conquista. Que ela tenha muita saúde e vida longa para desfrutar de tudo. Que assim seja!".

Em seguida, inverta a posição das mãos, como se estivesse recebendo, e fique em silêncio por alguns segundos. Essa é a lei que diz que tudo o que você desejar ao outro receberá em dobro.

7. Oração da prosperidade

Toda vez que fizer uma boa ação ou doar algo, faça esta oração secreta da prosperidade: "Deus Supremo, eu sou o canal para a abundância e prosperidade. Quanto mais eu dou, mais recebo de ti, em saúde, abundância, prosperidade, beleza e vida longa. Para mim, todos os meus e aqueles que me amam e a quem amo."

Em suma, tenha sempre em mente estes cinco pontos, que irão ajudar você a construir a prosperidade:

1. Existe dentro de você uma potencialidade, um dom divino para que você realize todos os seus sonhos;

2. O sucesso passa a ser resultado daquilo que se faz com paixão e não como sendo a sua meta final;

3. O cuidado e o respeito que você tem pelo dinheiro vai definir se ele virá ou fugirá;

4. A maneira como tratar o dinheiro é a maneira como ele trata você;

5. Você é o único responsável pela sua prosperidade financeira.

Elaborando o seu plano de vida

"Tu és o arquiteto do teu próprio destino.
Trabalha, espera e ousa!"
(Ella Wheeler Wilcox)

A vida é uma aventura fantástica e, por isso mesmo, nos traz constantes mudanças. Sempre existe algo a aprender, a desenvolver e a ensinar, em cada um dos nossos planos existenciais: o físico, o mental e o espiritual.

Cabe-nos implementar as mudanças que tanto queremos ver acontecer em nossa vida. Precisamos identificar o que realmente desejamos, criar objetivos específicos e claros, e seguir em frente, persistindo diante dos problemas e dificuldades e procurando evitar as armadilhas do caminho, que tentam diminuir a nossa vontade e minar a nossa resignação.

Para realizar tudo isso, precisamos de um plano, de um planejamento detalhado que nos diga por onde iremos, para chegar aonde queremos, ou seja, a verdade é que ninguém chega a lugar algum sem um mapa.

É aquela velha história, "se não sabemos aonde queremos chegar, qualquer caminho serve". Só que, nesse caso, não teremos o controle do nosso destino. Sem esse controle, o destino ficará por conta do acaso. É indispensável ter as suas rédeas nas mãos, para atingir uma posição mais elevada na vida e ter saúde e prosperidade. Portanto, é preciso traçar um plano de vida.

Ao fazer o seu plano de vida, você estará se programando para vencer as barreiras da mesmice, da hipocrisia e da acomodação. As ações propostas no seu plano de vida passam a enviar mensagens ao seu cérebro de que você é capaz de qualquer superação. Essas mensagens vão, dia após dia, dando um novo significado às crenças que o limitam, elevando a sua autoestima e fortalecendo o seu sentimento de merecimento para viver a vida em plenitude.

O domador de tempestades

Com as crises econômicas e financeiras mundiais assolando as empresas com tanta insistência nos últimos tempos, muitas delas iniciaram um processo de reestruturação, desativando várias de suas unidades, reduzindo custos e procurando se adaptar à nova realidade de tempos difíceis.

Em uma dessas operações de contenção de custos, Chico foi incluído no quadro de redução pessoal, sendo demitido da empresa em que trabalhava, ainda no exterior. Com o mercado de trabalho recessivo e ele sendo estrangeiro, seria quase um milagre conseguir uma recolocação em uma empresa local que assumisse o compromisso de se responsabilizar por ele junto à imigração.

Com isso, a missão de Chico no exterior tinha sido comprometida e a situação exigia uma nova estratégia. Era um momento para muita reflexão. Era preciso relembrar e, mais do que nunca, colocar em prática tudo o que havia aprendido com seus mestres.

O choque inicial causado pela demissão, quase inevitável numa situação dessas, foi apaziguado quando ele lembrou do ensinamento que diz que "tudo acontece na vida por uma razão". Portanto, ele acreditava que se tudo havia tomado esse rumo, era porque algo mais estava reservado para ele logo à frente.

A raiva e a revolta inicial deram lugar a um sentimento de gratidão por tudo o que já vivera e de esperança pelo que estava por vir. Recordando os ensinamentos dos mestres, agradeceu pela oportunidade que teve de aprender com todo esse processo de mudança em sua vida. Mostrou-se grato também pela possibilidade de renovação, e pela real possibilidade de aproveitar para ampliar seus horizontes. Assim, para não fugir ao costume, mergulhou fundo em novos treinamentos de autoconhecimento, aproveitando ainda mais o tempo disponível.

Como o Natal daquele ano se aproximava, Chico foi para a casa de uma de suas filhas, no Texas. Esse era o primeiro dos grandes ganhos dessa nova situação: passariam o Natal juntos, uma coisa boa, mas que havia muito tempo que não acontecia. Estava tão animado com isso que até conseguiu relaxar um pouco mais e deixar de pensar nos planos futuros.

Por ocasião do Natal, haveria uma reunião do grupo da igreja na casa de sua filha e ele foi convidado a participar. Aberto a todas as religiões, como sempre foi, aceitou o convite e gostou muito da maneira com que as orações foram conduzidas.

No momento dos agradecimentos por mais um ano que terminava e dos pedidos para o ano que se iniciaria, Chico, sem pensar muito, expôs ao grupo os seus três pedidos: 1) Conseguir uma casa num lugar onde pudesse se sentir muito bem; 2) Conseguir uma nova atividade para trabalhar, talvez até mesmo em uma nova área; 3) Encontrar um novo amor, que viesse para somar em todos os aspectos da sua vida.

Todos disseram: "Amém!"

Chico pensou com seus botões: "Ainda bem que não podem rir, pois para mim isso tudo é muito sério".

Depois de todos terem se retirado, no silêncio do seu quarto, Chico pegou em sua maleta executiva uma agenda e uma caneta e colocou um título: O projeto da minha nova vida! E passou a escrever com detalhes:

Fisicamente: eu quero manter um condicionamento físico, por meio de uma alimentação balanceada e caminhadas todas as quartas-feiras, aos sábados e aos domingos.

No plano intelectual-cognitivo: evoluir com a minha atualização profissional, com leituras, cursos e bons relacionamentos. Farei, para isso, um cronograma anual para implementar esse objetivo.

Na questão familiar: quero encontrar um novo amor. Vou divulgar a minha intenção entre os amigos e frequentar lugares interessantes. Pretendo fazer isso até o mês de outubro. Chico foi fundo nesse ponto, buscando canalizar energia para realizar o seu sonho. Para melhorar a visualização do seu objetivo, ele colou na parede um recorte de revista que mostrava nada mais nada menos que a atriz Julia Roberts. Ainda escreveu uma carta de amor, colocou num pequeno envelope e o colou no seu plano de vida. A carta dizia:

Olha, faz tempo que eu vinha imaginando você. Eu a procurava, dando voltas no mundo, até me encontrar dando voltas ao seu redor, mas a sua beleza é tão grande que me intimida. E eu fico adiando o meu procedimento para decidir. Suas curvas dão asas à imaginação, mas o que eu sinto por você é bem real. Por isso eu tomei coragem, porque a vida com você será uma outra viagem.

Na área social: vou definir o local da minha residência. Vou fazer isso estabelecendo contatos com a comunidade local e entrar em contato com corretores de imóveis. Também vou participar de atividades na comunidade. Pretendo ter isso definido até fevereiro deste ano que se inicia.

No aspecto profissional: vou definir uma nova atividade profissional. O primeiro passo será colocar essa minha intenção para o universo, para que ele me defina um novo rumo. Vou tirar um semestre sabático, para avaliar com tranquilidade as possibilidades. Vou fazer isso no segundo semestre deste ano.

Chico sabia da grande importância de, ao traçar um plano de vida, ser muito claro e específico sobre o que se deseja conquistar ou realizar. Por isso, em cada uma das áreas da vida que listou, ele fez sempre questão de responder a três questões, enquanto escrevia os seus planos:

1- O que eu quero?
2- Como vou fazer para obter?
3- Para quando eu quero?

O domador de tempestades

Algum tempo depois daquele dia, Chico voltou ao Brasil e, aos poucos, sem pressa, colocou o seu plano em prática. O ano voou e quando se deu conta, mais um mês de dezembro havia chegado. Com ele, chegou também o momento de fazer um balanço das realizações do ano, de checar os resultados do plano de vida que havia traçado. Para sua alegria, constatou que havia obtido 100% dos resultados de suas metas definidas para aquele ano. Ou seja:

1. Em março, ele havia definido o seu local de moradia e comprado uma casa;
2. Em outubro, um novo amor havia surgido;
3. Em dezembro daquele mesmo ano, uma nova profissão estava definida.

A partir daquele momento, uma nova missão estava surgindo em sua vida. E foi naquela energia que Chico definiu onde queria chegar, sua visão e como e com quais valores embasaria a sua nova profissão. Pegou uma folha de papel, voltou a escrever. E definiu:

"Minha missão é utilizar-me dos 30 anos de uma carreira corporativa bem--sucedida em organizações multinacionais, para levar essa experiência ao público em geral, com o objetivo de ensinar técnicas inovadoras, neurociência e vivências integrativas capazes de ajudar as pessoas a despertarem para um estado de alta performance, com energia para superar suas metas, ter saúde, prosperidade financeira e realizar seus sonhos".

"Minha visão de onde quero chegar com isso é poder contribuir para que um maior número de pessoas possa ter acesso às melhores e modernas técnicas de desenvolvimento pessoal e possam evoluir rapidamente, viver uma vida plena de saúde e prosperidade financeira".

"Meus valores serão a minha base para tratar a todos com dignidade, carinho e respeito às diferenças, contribuindo de forma ética para agregar valor às pessoas, assim como para formar um mundo melhor para se viver".

Com esses pensamentos cada vez mais claros e definidos em sua mente, Chico se lembrou de uma frase atribuída ao jornalista Chateaubriand: "desde que um bom pensamento entre em nosso espírito, ele nos traz uma luz que nos faz ver uma quantidade de outras coisas cuja existência nem sequer imaginávamos antes".

Estava pronto para seguir adiante, em uma nova etapa de sua vida.

Existem muitas pessoas que ainda não sabem da grande importância de se ter um projeto de vida e continuam, dia após dia, gastando sua energia em coisas improdutivas e seguem frustradas porque nunca conseguem realizar seus sonhos.

Um plano de vida bem elaborado nos dá tudo aquilo que é necessário para o sucesso: nos ajuda a saber para onde queremos ir e como chegaremos lá.

Sempre é bom lembrar que nenhuma grande obra jamais foi construída no mundo sem um planejamento. Nenhum homem de sucesso verdadeiro chegou lá sem um plano de vida muito claro e definido. Tudo o que é grandioso e vale a pena precisa ser planejado, estudado e acompanhado até a sua realização.

Portanto, gaste o tempo que for necessário para escrever o seu plano de vida. Você vai perceber que esse é o tipo de plantio que dá muitos frutos.

Veja no Apêndice J deste livro um "modelo de plano de vida" que vai guiá-lo pelos caminhos do dia a dia e ajudá-lo a chegar aos seus objetivos e realizar seus sonhos.

A arte de harmonizar trabalho e vida pessoal

"Primeiro, cuide de sua saúde, depois de sua família e somente então governe a nação."
(Confúcio)

De uma forma simples, por meio de casos verídicos da vida de Chico e também de parábolas, você percorreu até aqui o caminho do conhecimento que o está levando a despertar para o entendimento de que a solução de tudo o que você enfrenta na vida está sempre dentro do próprio problema.

Dessa maneira, fica claro perceber que todo problema é uma forma de aprendizagem, um estímulo para você evoluir. Cada dificuldade enfrentada é uma lição da Criação sobre a vida que você leva, que permite aperfeiçoar os seus acertos e corrigir os seus eventuais descuidos consigo e com a sua vida de um modo geral. Tudo leva ao crescimento e tudo pode ser usado para conquistar as suas vitórias.

Assim como pôde ter acontecido, ou estar acontecendo com você, desde cedo, as condições desfavoráveis da vida de Chico, seus problemas de saúde, asma e alergias, que poderiam se transformar numa limitação em sua vida, tornaram-se uma mola propulsora que o levou a sair em busca de mudança de condição, de achar formas para sua cura e próprio desenvolvimento.

Começou a trabalhar logo cedo, como engraxate, para poder ajudar em casa. Ainda criança, tomava conta dos três irmãos e quatro irmãs, para que seus pais pudessem sair para trabalhar. Logo no início da adolescência, iniciou o curso de marcenaria no Senai e aos 16 anos já atuava no mundo corporativo.

É claro que se você já passou por isso, ou conhece alguém que viveu assim, que começou a trabalhar ainda tão jovem, não é difícil imaginar a dura rotina do Chico. Fazia chuva ou fazia sol, fazia frio ou calor, tinha que se levantar às cinco horas da madrugada, tomar duas conduções para ir trabalhar e, no final do expediente, ir direto estudar à noite, regressando a sua casa por volta da meia-noite. E assim era, dia após dia. Então, se o Chico deu conta disso, você também pode. Anime-se e vá à luta.

Para manter aquela rotina pesada, era preciso muita força de vontade, e as competências que mais o caracterizaram ao longo dessa jornada foram a perseverança, a curiosidade, a visão estratégica, o relacionamento com todo tipo de público, muita energia para alta performance e foco em resultados. É claro que algumas dessas coisas ele sabia instintivamente, ou era natural no seu modo de ser, mas muitas outras ele precisou aprender ao longo do caminho.

Morar fora do país foi uma experiência que, apesar de dura, se mostrou realmente fantástica. Chico demonstrou uma capacidade extrema de adaptação à cultura e ao idioma, e sua curiosidade o levou a enveredar a conhecer as culturas Inca, Asteca, Maia, Xamã e a prática de yoga, além de fazer uma gama de cursos sobre cristais, autoconhecimento, neurociência, psicanálise e filosofia.

De tudo e de todos com quem se relacionava, Chico sempre extraía algum aprendizado para reforçar o seu método de bem-estar, que usava primeiramente em sua vida pessoal e profissional e, mais tarde, na coordenação de suas atividades dentro das empresas em que atuava.

Porém, o mais importante: embora sempre muito centrado em sua missão, não abria mão de reservar um tempo para dedicar à família e também desfrutar de seus passatempos preferidos, como viagens, camping, natação, bicicleta e dança. Afinal, isso é parte importante da vida e ele sabia disso como bem poucas pessoas.

Tudo isso mostra que o sucesso é possível, não importa quais dificuldades você esteja vivendo hoje em sua vida.

Mas a pergunta que fica é: quais são os ensinamentos-chave de quem saiu de uma condição tão desfavorável e chegou ao topo da pirâmide organizacional, tornando-se um executivo milionário? Como você pode usar isso na sua própria vida, para se beneficiar de tudo o que leu neste livro e passar a viver mais feliz e em maior abundância?

Para responder a essas perguntas, convém examinarmos um pouco mais detidamente as competências que você acompanhou nos capítulos deste livro. O alicerce que sustenta esses segredos reside na disciplina e na busca constante por harmonizar os hábitos saudáveis nas cinco inteligências, cujos fundamentos devem passar a ser os pilares do seu plano vida.

O tempo passa a ser o bem mais precioso quando se tem que utilizá-lo na dose certa para manter o equilíbrio pessoal, profissional e familiar. Com mais de um terço de seu tempo em viagens de negócios, inicialmente pelo Brasil e depois pela América Latina, a preocupação e o esforço de Chico eram para conseguir estar presente no meio familiar, mesmo estando, muitas vezes, tão distante fisicamente.

Para ele o sucesso só valeria a pena se não deixasse a ambição pelo bom cargo e a alta remuneração tirar o seu tempo dedicado ao lado pessoal e familiar. O momento dedicado à família tinha que ser de qualidade. Quer seja por telefone, internet, ou pessoalmente, Chico nunca deixava escapar e nem passar em branco um evento importante do casal ou da escola das filhas.

Quando estava presente, dedicava o seu tempo por inteiro, participando de várias atividades com elas, da espiritualidade e, sem dúvida, também dos afazeres domésticos. O que levou uma de suas filhas a fazer uma declaração de reconhecimento: "Pai, mesmo morando distante, você nunca deixou de ser o centro de nossa família". Chico respirou fundo e agradeceu à Providência, pois realmente havia se tornado um vencedor.

Chico montou um *workshop* com o tema "A arte de harmonizar trabalho e vida", disponível a todo tipo de público, com sua experiência de anos à frente desses programas em grandes multinacionais no Brasil e no exterior, somando técnicas integrativas que levam ao autoconhecimento e alinhamento de propósito de vida, com os objetivos e metas pessoais e profissionais, contribuindo para a saúde e prosperidade total. Hoje em dia é bastante comum vê-lo aplicando sua metodologia para os mais diversos públicos.

Era mais uma segunda-feira que se iniciava. Chico chegou com a sua pasta de documentos embaixo do braço, sentou-se na cabeceira da mesa, do lado direito, na sala de reuniões de diretoria. Colocou a pasta e o seu copo plástico em cima da mesa e cumprimentou seus pares.

A reunião teve início e deveria prosseguir até o meio-dia. Era inverno, o vento soprava e trazia um frio cortante. Sentado à mesa, participou ativamente da reunião de diretoria e, de tempos em tempos, tomava um gole do conteúdo do seu copo. Como já havia acontecido em outras ocasiões, não demorou muito para que os outros diretores se interessassem em saber do que se tratava a bebida que ele tomava durante as reuniões.

Chico apenas sorriu ao ver, depois de algum tempo, quantos deles já carregavam seus copos com água ou chás! "Água mole em pedra dura..." – pensava ele. Era assim, dando o exemplo, que se iniciava o processo de despertar para as atividades de bem-estar nas empresas.

O domador de tempestades

Ele imaginava que, de tanto dar o exemplo, chegaria um dia em que em uma sala de reunião teria todos os altos executivos da empresa, vestidos com suas roupas normais de trabalho, ajoelhados no carpete da sala, na posição do gato da yoga, fazendo o exercício da respiração abdominal para controle do estresse. Apesar dos resultados positivos, a cena seria no mínimo cômica. Chico, algumas vezes, chegou a se perguntar: "O que iria falar o CEO, o presidente ou um membro do conselho da empresa, chegando sem avisar, e avistasse tal cena?". Tremia só em imaginar um desses "big boss" abrindo a porta, franzindo a testa e perguntando: "Senhores, o que vocês estão fazendo?". E todos os diretores, em coro, apontando o dedo para ele, diriam: "É o programa de qualidade de vida do Chico!".

Essa é a principal missão de Chico: "Viver a vida como se deve e agregar valor à vida das pessoas". Mas o importante aqui é saber que ele é uma pessoa comum, assim como você. E se ele pôde realizar tudo isso, você também pode realizar todos os seus sonhos. Só depende de acreditar e seguir em frente.

Uma história de amor

"A vida com você será sempre uma outra viagem."

Aquilo que se vive neste mundo vai servir para mudar o rumo do universo para sempre. Assuma o controle do seu destino, pois, assim como Chico, você foi criado com a intenção de fazer algo grandioso. E está conseguindo. Então, agradeça a Deus por isso e siga em frente. Ainda falta muito para fazer, muito para viver. Faça tudo com amor e sem medo.

Com os olhos desfocados naquele momento, Chico permanecia distante, como se estivesse assistindo a um filme em sua mente, numa retrospectiva de sua vida. Cenas passavam tão rápidas como a luz de um relâmpago.

Em frações de segundos, desfilaram em seus pensamentos o seu amiguinho japonês, Kazuo, o velho Ti Zum, seu primeiro mestre coreano Dr. Yum, a conversa com ele sobre sonhos, como curar-se, encontrar uma profissão e ficar rico. Viu o cachorro Sargento, o Senai, os segredos da Unibiótica, seus cargos, suas filhas, as mudanças em sua vida, as vezes em que chorou e se sentiu sem forças, as vivências com seus mestres Choa Kok Sui e Antônio Duncan, onde buscou refúgio, orientação e consolo para suas dúvidas existenciais.

Respirou fundo, aliviado. Tudo havia passado e hoje estava, mais uma vez, agradecido pela saúde, pela profissão de sucesso, com mais de 30 anos de trabalho, dos muitos desafios, das aprendizagens e do crescimento pessoal e profissional. Fizera muitos amigos, que mantinha sempre com carinho, e sentia orgulho de ter sido útil na carreira e na vida de centenas de pessoas.

Mas e a questão de ficar rico? – questionou-se. Como estava em relação a isso? Ora, não podia desejar riqueza maior. Não lhe faltava nada. – Pode haver riqueza maior que preservar a saúde e possuir independência financeira? – Essa é a minha maior riqueza – pensou – Sim, sou um vencedor e por isso tenho gratidão eterna ao Deus Supremo e a todos os mestres que me orientaram.

O domador de tempestades

Em meio aos seus devaneios, ainda pensou: "Se todo vencedor tem um troféu, hoje estou recebendo o meu maior: uma noiva! Hoje começo mais uma nova vida." Teve vontade de gritar: "Obrigado, Senhor! Eu sou um vencedor!". Mas se conteve, pois se deu conta novamente de que estava dentro de uma igreja.

Perto dali o carro cenográfico, um Fordinho 29, verde musgo, saía da associação do bairro fazendo "bip, bip", rumo à pequena capela distante apenas meio quilômetro. As pessoas na rua paravam, alguns já esperavam pelo acontecimento e acenavam para a noiva. De dentro do carro, a noiva devolvia os acenos, sorridente. Era muito conhecida no bairro, pois, como catequista, vinha contribuindo com a religiosidade de muitas crianças durante vários anos.

O carrinho antigo parou diante da porta da igreja. Lá dentro, olhando em direção à porta ainda fechada, os olhos de Chico brilhavam. Perecia um sonho ver tantos familiares, amigos e até uma de suas filhas, todos testemunhando o começo de uma nova vida. Da grande porta até o altar, anjos barrocos ladeavam o caminho, com as mãos estendidas, direcionadas aos noivos, como auxiliares na consagração. Todos estavam utilizando vestuário característico, ao estilo antigo, vintage, de La Belle Époque.

A grande porta se abriu com um rangido. O coração de Chico estava no Criador – não tinha outra forma maior de gratidão, a não ser elevar seus pensamentos naquele momento e abrir o seu coração ao Deus Supremo.

Os raios do sol, do cair da tarde de verão, brilharam pela porta, capela a dentro, projetando-se no tapete em direção ao altar. O coração de Chico parecia que iria saltar do peito, seus olhos ofuscaram de emoção, como se tudo não passasse de um sonho. Ouvia-se a trilha sonora de Nino Rota, do filme Irmão sol, irmã lua, que antecedia a tradicional marcha nupcial.

Ao soar da marcha nupcial, uma menininha que esperava ansiosa gritou:

— Olha a noiva!

E, assim, tirou Chico de seus devaneios, que então voltou o seu olhar à entrada da capela. Os seus olhos brilhavam como nunca antes e, naquele momento, encheram-se de lágrimas, ao avistar a noiva vindo em sua direção. Recebeu-a das mãos de seu pai, beijou-a na testa, caminharam sob o reflexo do sol atrás deles, aproximando-se do altar, ajoelharam-se e receberam o sagrado sacramento do matrimônio ao som da Ave Maria.

Terminada a cerimônia, saíram vagarosamente atrás das daminhas e dos padrinhos. Pararam na porta, a noiva abriu a sombrinha vintage de cor pérola, combinando com seu vestido e as luvas, olharam para dentro da igreja e acenaram para os convidados, num gesto de até logo, pois, a partir de então, iniciavam uma nova vida. Todos sorriam felizes.

O Fordinho deixou o pátio da capela em direção ao sítio São Francisco, distante a três quilômetros. Atrás dele seguia uma fila de carros, todos buzinando e *acenando, até congestionarem o pedágio da rodovia Don Gabriel. Os funcionários do pedágio, ao verem a noiva, dispararam os alarmes, com as luzes piscando por três vezes. Todos comemoravam felizes.*

O cenário do local da festa de recepção dos convidados também estava totalmente decorado ao estilo vintage. E então, a entrada triunfal dos noivos, cumprimentos e a famosa dança do casal, que exibiu os passos de um tango, dançando "Por una cabeza", tema do filme Perfume de mulher.

Poucas horas depois, rumavam a Buenos Aires, com as esperanças e os sonhos renovados. Ambos prometiam que teriam uma vida de paz, amor, aventuras e bem-aventurança, e que a maneira de agradecer à Providência por tantas bênçãos seria renovar, a cada dia, o sentido da vida. Levantarem cedo motivados, ansiosos por realizar seus sonhos, darem o melhor de si, poderem entregar valor às pessoas, para ajudá-las a progredirem e também serem felizes.

Sim, o garoto Chico havia crescido e se tornado o Mestre Chico. E passou a estar presente no dia a dia de inúmeras pessoas, para ajudá-las a domar suas tempestades e abrir seus horizontes para a felicidade e prosperidade.

Durante a sua jornada, Chico sempre foi um curioso insaciável. Pesquisou, mergulhou em treinamentos, passou a se interessar pela vida em nível filosófico, procurando, ao mesmo tempo, conhecer os princípios de várias crenças religiosas. Leu uma centena de livros[1], a Bíblia e também livros sagrados de outras religiões, e percebeu, então, profundamente, os mistérios da vida e a perfeição do homem. Comprovou que a vida é um dom sagrado e, ao mesmo tempo, percebeu a grandeza da natureza.

Os segredos revelados pelos mestres e testados pelo menino Chico, nele mesmo, em suas filhas e em centenas de pessoas nas empresas em que trabalhou, formam a essência deste livro, que levará o leitor a descobrir que, na maioria das vezes, a verdade que procuramos em lugares distantes está ao nosso redor. A solução para a vida plena está na simplicidade, mas é comum a procurarmos na complexidade. Por isso, este livro busca encurtar o seu caminho na busca da saúde, felicidade e prosperidade em várias áreas da sua vida.

Da mesma maneira que Chico saiu de uma condição de pobreza e ausência de oportunidades, virou a mesa e fez da sua vida algo tão significativo, você também pode fazê-lo. Tudo depende somente de querer! Basta amar-se, pôr em prática o que aprendeu aqui, amar ao próximo, viver plenamente e agradecido por tudo o que o universo apresentar.

---

1 A lista de 27 livros e 27 filmes especialmente recomendados pelo Mestre Chico se encontra no final do livro.

O domador de tempestades

Em paz com o Criador

"Devemos fazer as escolhas que nos levem a desenvolver as capacidades mais profundas de nosso verdadeiro eu".
(Thomas Merton)

Era o aniversário de Chico. A família estava toda reunida em uma linda chácara, no interior de São Paulo. Tudo estava decorado e cheio de vida. Todos festejavam, riam e brincavam. Depois de cantado o "parabéns", o bolo foi cortado e servido juntamente com doces e salgados, enquanto todos brindavam, comiam, conversavam e se divertiam.

Em certo momento, Chico sentiu necessidade de ficar um pouco sozinho. Foi até a sua varanda preferida e se sentou na rede, observando as pessoas longe, conversando e festejando, e as crianças brincando. Sorriu feliz, fechou os olhos e cochilou.

Durante os poucos minutos de cochilo, sonhou que havia sido convocado pelo Criador. Foi à presença do Senhor e olhou em seu rosto. E o Criador, quando o viu, estendeu-lhe as mãos, segurou as de Chico, sorriu e disse: "Obrigado, meu filho, por cuidar de seus irmãos!".

E Chico acordou. Sorriu feliz, pois entendeu que estava cumprindo fielmente a sua missão. Suspirou fundo e aliviado, lançou mais um olhar no ambiente ao redor, e agradeceu como sempre faz: "Minha gratidão, Senhor, por ter recebido de ti a dádiva de ter sido feito a sua imagem e por ter iluminado a minha inteligência para estar em busca de ser a sua semelhança".

Apêndices

APÊNDICE A: e o apelido pegou!

O menino de apenas seis anos de idade e suas duas irmãs e dois irmãos foram fotografados, pela primeira vez na vida, mas de pés no chão. Mesmo assim, ele sendo o mais velho entre os irmãos, ficou imensamente orgulhoso por ser o mais alto na foto. Logo que recebeu o retrato, correu, mostrou para sua mãe e foi logo perguntando:

— O que achou da foto?

A sua expectativa era de que a mãe notasse como ele havia crescido, como estava alto em relação aos irmãos. Entretanto, o que ela disse, na sua simplicidade, foi: – O que achei interessante na sua foto foi a sombra.

Como se isso não bastasse, a sua irmã mais velha, que não deixava escapar nada, foi logo emendando:

— O interessante é que você está parecido com o Chico, o macaquinho da casa da vizinha.

E não é preciso nem dizer que o apelido pegou, não é mesmo?

Durante algum tempo, o menino Chico relutou contra esse apelido, porque achava que, de alguma forma, o comparavam a um macaco. Mas, quanto mais se briga contra um apelido, "mais ele pega", como dizem.

Por sorte, com o passar do tempo e com o nascimento de outros irmãos, que fatalmente receberam outros apelidos, dos tipos Neno, Gordo, Quita e Zão, o apelido de Chico foi sendo esquecido aos poucos. Voltou a ser chamado pelo seu nome de batismo e assim foi até que completou 14 anos de idade e ingressou para estudar Marcenaria no SENAI Anchieta, na Vila Mariana, em São Paulo.

Por ser ainda bastante jovem e carregar um sotaque forte do interior do Estado do Paraná, e até mesmo um vocabulário um tanto quanto caipira, não demorou muito para que os seus colegas de classe, na maioria da capital e de São Paulo, passassem "a alugá-lo", como se dizia na época. E, ao descobrirem que ele tinha Francisco no nome, não se sabe se, por coincidência ou não, passaram a chamá-lo de Chico, novamente.

Não é necessário dizer que o Chico odiou voltar a ser chamado pelo apelido de infância. O que aliviava um pouco era o fato que, fora da sua classe de aula, o restante dos alunos e os professores o chamavam pelo sobrenome "Assis", o que o deixava muito orgulhoso.

Enfim, eu, o autor deste livro, decidi assumir o apelido e, dessa maneira, você teve a oportunidade de conhecer o Chico, que depois se tornou Mestre Chico. Espero que nos tornemos bons amigos.

O domador de tempestades

APÊNDICE B: mas quem é o Chico?

Como você pôde ver, as histórias do garoto Chico, a do Mestre Chico e a do autor deste livro se confundem, propositadamente.

Eu sou Valter Francisco de Assis, o Chico, graduado em Relações Públicas, especializei-me em Comunicação Social pela Carlow College, e em *strategic human resources planning*, pela Michigan University, nos EUA. Possuo mais de 30 anos de experiência em gestão de pessoas, três livros publicados, *RH direto ao ponto, Coaching de carreira* e *Mapa da vida,* com mais de 150 artigos escritos, fundador e sócio-diretor da Núcleo Zoí Treinamentos.

Venho atuando como um líder treinador e mentor, além de ser escritor e palestrante, com a missão de utilizar essa experiência corporativa para ajudar as pessoas a se conectarem com suas verdadeiras essências, ter mais energia para o desempenho, enfrentar desafios, superar metas, ter saúde, prosperidade e poder realizar sonhos.

Em mais de 30 anos de carreira, cheguei ao cargo de vice-presidente responsável pela área de recursos humanos nas organizações multinacionais: Eli Lilly do Brasil, Baxter Travenol, Dade-Beheringer, em âmbito nacional; e Archer Daniels Midland, Lear Corporation, GrupoNueva, Amanco Holding e GlaxoSmithKline, no âmbito internacional, em países da América Latina e do Caribe, como Venezuela, Colômbia, Equador, Peru, Bolívia, Paraguai, Argentina, México, Guatemala, Honduras, El Salvador, Nicarágua, Costa Rica, Panamá, República Dominicana, Jamaica e Trinidad & Tobago. Somadas a isso, minhas vivências nos Estados Unidos, em Miami, Fort Lauderdale, Chicago, Decatur, Indianápolis, Nova Iorque, Minneapolis, Davenport e San Antonio completaram uma experiência que me propiciou uma ampla visão multicultural, de usos e costumes, legislações e práticas em gestão de pessoas e características culturais de cada país, cidade ou região.

Durante todo esse tempo, também venho ministrando palestras em escolas, universidades, associações, câmaras municipais, sobre diferentes temas de RH, como capital e trabalho, megatendências, orientação de carreira, a arte do atendimento, harmonizando trabalho e vida pessoal, saúde e prosperidade.

Programas de treinamentos corporativos desenvolvidos

Sempre melhorados e adaptados às iniciativas já existentes e observando a cultura de cada empresa, os programas de treinamento assumem diversas denominações, desde qualidade de vida no trabalho, empreendedor interno, engajamento e empregabilidade, empowerment, sustentabilidade, desenvolvimento autossustentável e, mais recentemente, de resiliência e bem-estar, atleta corporativo e educação financeira e prosperidade.

Alguns resultados do ROI, obtidos dos investimentos nesses programas de qualidade de vida, nas organizações onde foram estruturados, foram no mínimo surpreendentes:

1. **Redução do estresse:** aumento da energia e mais produtividade, com visível aumento de 20% nas vendas dos representantes médicos;

2. **Redução do absenteísmo:** redução de até 50% no absenteísmo de uma linha de produção onde trabalham 400 mulheres;

3. **Integração das diretorias e departamentos:** reuniões mais produtivas, implementação de planos e melhoria nos processos;

4. **Melhora na comunicação interna:** melhora na confiança, colaboração e na gestão do conhecimento;

5. **Projeto de preparação para aposentadoria:** como parte da responsabilidade social;

6. **Implantação de planos de previdência privada:** milhares de pessoas se beneficiam atualmente dos planos de aposentadorias complementares às da previdência social, tais como fundo múltiplo de pensão, PGBL e *long term incentives*;

7. **Melhora na pesquisa de clima interno:** aumento de dois pontos no prazo de um ano;

8. **Redução da utilização dos planos de saúde:** significativa melhora na utilização versus prêmio pagos no plano de saúde da empresa.

Em todas as empresas os programas foram implantados com sucesso total, com foco na prevenção à saúde, redução do estresse, redução do absenteísmo, integração de gestores e departamentos, comunicação interna e consequente melhoria na pesquisa de clima interno e redução da utilização dos planos de saúde.

Em junho de 1992 o Citibank homenageou-me como "1º Presidente do Conselho do Multiprev" – Fundo Múltiplo de Pensão; em dezembro de 2006: recebi da farmacêutica GSK o reconhecimento internacional *"For adding value to people"*.

O domador de tempestades

APÊNDICE C: avalie o *ranking* das prioridades da sua vida

Quanto tempo você dedica às cinco coisas mais importantes na sua vida? Faça esse exercício para avaliar como está a distribuição do seu tempo. Quanto você dedica a cada uma das cinco inteligências naturais? Avalie se está havendo harmonia entre a sua carreira e a sua vida pessoal e o quanto o seu estilo de vida é sustentável.

Para fazer o exercício, considere uma semana típica na sua vida. Leve em conta que a semana tem 168 horas, que descontadas 49 horas de sono restam 119 horas para você distribuir nas cinco áreas.

Por exemplo, na área da prosperidade financeira você poderia considerar:

1. 44 horas da jornada de trabalho legal por semana;

2. Três horas de trajeto de ida e volta ao trabalho;

3. Cinco horas de viagens a negócios por semana.

No total serão 52 horas dedicadas à inteligência financeira. Dessa forma, restariam apenas 67 horas (119 − 52 = 67) para distribuir nas outras quatro áreas: saúde, intelectual, familiar e social.

É claro que esse é apenas um exemplo ilustrativo. Procure fazer o seu exercício com base na realidade da sua rotina pessoal, para depois responder às três perguntas apresentadas a seguir.

EXERCÍCIO: ranking das prioridades

As cinco inteligências	Horas/ semana
	24 x 7=168 - 49*= 119 horas *7 horas de sono/ dia
1. Física/saúde	1.
2. Mental/intelectual	2.
3. Emocional/familiar	3.
4. Espiritual/social	4.
5. Prosperidade financeira	5.
Total	**119 horas/ semana**

Responda às perguntas
1. A sua distribuição é realista?
2. Existe um bom equilíbrio e considera essa situação sustentável?
3. Essa distribuição é igual ou varia de pessoa para pessoa?

Um dos maiores perigos de uso errado do nosso tempo é deixar a rotina nos tirar a disponibilidade para desfrutar das pequenas coisas, porque são exatamente elas que, um dia, você se dará conta de que são as mais importantes na sua vida.

APÊNDICE D: escreva o seu estado de vida atual

Que tal fazer um balanço de como tem vivido até agora?

Comece a partir de um diálogo interno, converse consigo, da maneira mais franca possível. Descreva em detalhes o seu modo de vida, a sua rotina e as dificuldades enfrentadas. Inclua as suas conquistas, porém, preste atenção também nos seus fracassos. Procure encontrar os motivos que dificultam a conquista dos seus sonhos ainda não realizados, que o impedem de ter mais qualidade de vida e que dificultam o desfrutar da vida que gostaria.

Como você tem vivido a sua vida até agora?

Quais são as suas principais dificuldades?

Quais são seus principais fracassos?

Quais são as suas principais conquistas?

Com base nesse balanço de como você está vivendo a sua vida até agora, examine com cuidado quais são as suas justificativas por não ter conseguido realizar o que ainda não realizou. Reveja quais são as dificuldades que o impedem de realizar seus sonhos ainda não alcançados. Concentre-se nessas dificuldades e justificativas.

Feche os olhos e imagine a pessoa mais importante da sua vida na sua frente – esteja ela onde estiver. Imagine-a parada em pé bem a sua frente, olhando para você. Imagine-se olhando diretamente nos olhos dessa pessoa. Conte para ela os seus fracassos, seus sonhos não realizados e as justificativas que você tem pelos seus fracassos. Visualize o rosto dessa pessoa querida e a reação dela ao escutar você.

Pare por alguns instantes e observe atentamente a expressão no rosto dela. Respire fundo três vezes e, então, imagine se aproximando dessa pessoa e a abraçando com muito amor. Diga a ela, com confiança no coração: "Eu mereço, posso e vou conquistar tudo o que desejar". Respire fundo novamente e abra os seus olhos. Olhe-se no espelho e sorria com confiança.

O domador de tempestades

APÊNDICE E: escreva o estado de vida futura que deseja

Lembra do que você disse sobre seus sonhos, para a pessoa mais importante da sua vida, no exercício anterior? Pois então, é chegada a hora de se dar uma nova oportunidade.

Escreva no formulário abaixo como quer que seja a sua vida daqui para frente. Pense grande, não limite os seus sonhos. Lembre-se: você merece. Então, inclua no formulário os seus maiores sonhos, suas metas e quais ações vai tomar para atingir os seus novos objetivos na vida.

Por exemplo, se o seu sonho é trabalhar numa área diferente, com remuneração maior e mais paixão pelo que faz, a sua meta poderia ser: iniciar uma atividade paralela por um prazo de um ano, até estar preparado para fazer a transição.

As suas ações poderiam ser:

1. Estudar sobre a nova área de interesse, em paralelo com a sua atividade atual;

2. Contatar uma pessoa todos os dias e ampliar a rede de contatos;

3. No seu tempo livre, procurar ajudar alguém que já atue nessa sua área de interesse e procurar aprender com ela.

Como você quer viver o resto dos seus dias?

Quais sonhos falta você realizar?

Quais serão seus compromissos para viver de forma diferente da que vive atualmente?

Descreva qual legado vai deixar e como quer ser lembrado.

Lembre-se: você foi criado com a intenção de fazer algo grandioso. E está conseguindo. Então, agradeça a Deus por isso e siga em frente. Ainda falta muito para fazer, muito para você viver. Faça tudo com amor e sem medo.

O domador de tempestades

APÊNDICE F: dinâmica da ilha deserta – encontre seus valores

Identifique seus valores, aquilo que é importante para você, que normalmente está gravado no seu inconsciente e que está por trás de suas decisões. Os nossos valores são um conjunto de crenças que levam a comportamentos que influenciam o nosso grau de satisfação e entusiasmo com os acontecimentos.

1. Se você fosse morar numa ilha deserta por cinco anos, na primeira coluna das cinco primeiras linhas da tabela a seguir, indique quais seriam as cinco coisas, pessoas ou personagens que você levaria. Podem ser objetos, eventos, pessoas, personalidades, super-heróis, etc.

2. Na coluna ao lado, especifique os motivos pelos quais as levaria consigo;

3. Faça o mesmo nas cinco últimas linhas da tabela, porém agora enumere as cinco coisas, eventos, pessoas, super-heróis, personalidades, etc., que você não levaria de jeito nenhum para viver numa ilha deserta por cinco anos. Na coluna ao lado, coloque os motivos pelos quais não os levariam de jeito nenhum;

4. Agora, priorize e coloque, na coluna ao lado, dois motivos dos cinco que levaria e três motivos dos cinco que não levaria (observe o exemplo no quadro).

5. Identifique os seus valores, priorizando entre esses cinco motivos e colocando na coluna ao lado apenas um dos dois motivos pelo qual levaria e dois pelos quais não levaria. Assim, você fica conhecendo os seus três valores mais profundos para ajudá-lo a tomar decisões mais assertivas.

Ilha deserta - exemplo

Quem e o que você levaria?	Motivo
1. Esposa	Amor, família
2. Pais	Família, segurança
3. Filhos	Amor, família
4. Fátima Bernardes	Inteligência, sucesso
5. Livros	Conhecimento

Quem e o que você não levaria?	Motivo
1. Político	Falta honestidade, justiça
2. Chefe	Muito estresse, falta qualidade de vida
3. Colega X	Chato, invejoso e aproveitador
4. Doença	Saúde, paz e felicidade
5. Contas	Preocupação

5 principais motivos:

1. Família
2. Conhecimento
3. Justiça
4. Qualidade de vida
5. Saúde

3 principais valores:

1. Família
2. Justiça
3. Saúde

Observe que no exemplo dado, a família, justiça e a saúde, com certeza, são os valores mais fortes, aqueles que estão ou devem estar presentes antes de quaisquer decisões que se possa tomar, porque é indicativo daquilo que a pessoa mais valoriza, que está guardado no seu inconsciente.

APÊNDICE G: sistema representacional

Essa ferramenta vai ajudá-lo a perceber que as pessoas têm características diferentes de comunicação e aprendizagem. Para uma comunicação mais efetiva e para a diminuição dos ruídos que possam distorcer a mensagem transmitida, ou ainda para evitar equívocos, é muito importante conhecer os estilos de comunicação com base nas preferências sensoriais dos nossos principais sentidos: visual, auditivo e cinestésico.

Com treino, você pode passar a observar que determinada pessoa tem um comportamento de observar, de olhar e de ler muito. Isso pode ser um indicativo de que ela pertence ao estilo visual.

Por outro lado, se observar que a pessoa tem uma atitude de escutar mais do que falar, de ficar concentrado e pensativo, pode ser que a sua preferência seja auditiva.

Em um terceiro caso, a pessoa poderá apresentar características de já querer pôr a "mão na massa", dizer que aprende fazendo, ou demonstrar ser muito organizado. Ela poder ter tendência ao estilo cinestésico.

Estilos de aprendizagem

VISUAL — Aprende pela visão, observa demonstrações; gosta de ler e imaginar; tem boa concentração; rápido na compreensão.

AUDITIVO — Aprende por instruções verbais; gosta de diálogos; evita descrições longas; não presta muita atenção nas ilustrações e pode mover os lábios quando lê.

CINESTÉSICO — Aprende fazendo, por envolvimento direto; prefere ir logo para a ação.

A pergunta que fica aqui é: qual dos estilos é melhor para a comunicação e aprendizagem?

Observe que estamos falando dos nossos sentidos. Portanto, todos eles são importantes e cada pessoa tem um deles, que dá melhor compreensão e aproveitamento da mensagem que recebe. O que nos sugere que é importante praticar o reconhecimento do estilo que mais se encaixa a cada pessoa.

Fique sempre atento para aprender como identificar aquele estilo que se destaca na pessoa, pois, quando bem utilizado, ele melhora muito a comunicação, a aprendizagem e evita a maioria dos equívocos de comunicação.

Uma mensagem também é melhor transmitida, numa apresentação para muitas pessoas, por exemplo, quando se toma o cuidado de utilizar recursos que atendam todos os estilos sensoriais.

O domador de tempestades

APÊNDICE H: identificando suas crenças negativas

Para que você obtenha um melhor resultado neste exercício, é preciso que responda às perguntas que seguem rapidamente, sem pensar muito e sem medo. Responda a primeira coisa que vem a sua cabeça, sem questionar nem criticar.

Identificando suas crenças negativas

Nota	Atribua uma nota de 1 a 5*
	Eu não nasci em berço de ouro
	Eu nunca vou ter dinheiro
	O dinheiro não traz felicidade
	O dinheiro é a raiz de todo mal
	É pecado ser rico
	Fica rico só quem tem sorte
	O dinheiro sobe à cabeça das pessoas
	Quem poupa é avarento
	Quem é rico não se salva
	Riqueza é sinal de desonestidade
	Meus avós e meus pais vieram de família pobre, eu só posso ser pobre também!
	Os ricos ficam cada vez mais ricos e os pobres cada vez mais pobres
	Quem sou eu para ficar rico?

*Onde 1 significa que essa não é a sua crença e 5 significa que isso é totalmente aquilo em que você acredita.

O próximo passo é identificar suas crenças negativas. Da lista anterior, observe quais os itens que obtiveram maior pontuação.

Reflita um pouco sobre elas e, em seguida, anote-as no quadro "Ressignificando crenças negativas", no Apêndice I.

APÊNDICE I: ressignificando suas crenças negativas

Agora vamos remodelar e agir sobre suas principais crenças negativas, criando novos hábitos que, desde que praticados diariamente, irão fortalecer suas crenças positivas, aumentando a sua capacidade de sucesso.

Vamos dizer que, por exemplo, no quadro anterior (no Apêndice H) você tenha percebido que o item "eu nunca vou ter dinheiro" é crítico em termos de suas crenças negativas. Vamos transferi-lo para o próximo quadro e trabalhar nele.

Suas crenças negativas	Remodelar suas crenças negativas	Agir para uma nova crença positiva
Eu nunca vou ter dinheiro.	Estou me aprimorando cada vez mais, por meio dos estudos e com isso posso procurar um novo trabalho com um salário melhor.	Incorporar no meu plano de vida: vou me aprimorar e procurar um novo trabalho. Definir claramente os itens: o quê? Quando? Como?
X.		
X.		
X.		

Faça a mesma coisa com outras de suas principais crenças limitadoras, que você identificou no exercício do Apêndice H, de modo a cobrir todos os pontos que precisa trabalhar e ressignificar. Feito isso, essas informações de ações para originar uma nova crença deverão ser transferidas para o seu plano de vida, que irá elaborar logo mais adiante, no apêndice J.

O domador de tempestades

APÊNDICE J: modelo de plano de vida

Existem muitas pessoas que ainda não sabem da grande importância de se ter um projeto de vida e continuam dia após dia gastando a sua energia nas coisas erradas e seguem frustradas porque nunca conseguem realizar seus sonhos.

Um plano de vida bem elaborado nos dá tudo aquilo que é necessário para o sucesso: nos ajuda a saber para onde queremos ir e como chegaremos lá.

Na tabela a seguir você encontra um modelo de plano de vida, para facilitar a construção do seu planejamento pessoal, que vai guiá-lo pelos caminhos do dia a dia e ajudá-lo a chegar aos seus objetivos e realizar os seus sonhos.

Observe que um plano de vida bem montado precisa responder sempre às três seguintes questões:

1. O que eu quero?
2. Como vou fazer para obter?
3. Para quando eu quero?

Portanto, gaste o tempo que for necessário para escrever o seu plano de vida. Você vai perceber que esse é o caminho mais rápido para a realização de todos os seus sonhos.

Modelo do plano de vida

Nome:
Sua missão:
Sua visão:
Seus valores:

Física/ corpo

Detalhe seu hoje	Quando?	O que fazer?	Figura
Sono/ exercícios 4 palmas/ 5 refeições 3-3 horas beber água	definir	ações	*

Quanto está pesando?			
Tudo relacionado ao corpo			
Atividade física			
Médicos, *checkups* e exames			
Alergias e cirurgias			
Dentista (último atendimento)			

* Cole aqui uma figura para cada meta que deseja atingir. Inclua uma ou mais ilustrações para cada área. As imagens são importantes, pois enviam mensagens ao seu cérebro para originar a energia para a realização.

Mental/intelectual

Detalhe seu hoje	Quando?	O que fazer?	Figura
Reconhecer e substituir crenças e medos (bons hábitos)	definir	ações	
Está fazendo cursos/ faculdade?			
Atualizando-se no trabalho?			
Lendo livros?			
Assiste ao noticiário?			
Realista esperançoso?			
Faz terapia, cursos ou *coaching*?			

O domador de tempestades

Emocional/familiar

Detalhe seu hoje	Quando?	O que fazer?	Figura
Trabalha no que gosta?	definir	ações	
Relacionamentos, cônjuge, familiares.			
Cuida dos pais?			
Amigos, *hobby*, respiração.			

Espiritual/social

Detalhe seu hoje	Quando?	O que fazer?	Figura
Tem missão de vida? Metas claras? Visualiza? Gratidão?	definir	ações	
Participa de associações?			
Filantropia/ voluntariado?			
Sustentabilidade? Ecologia?			
Religião/fé/positividade/medita? Perdoa erros?			
Dá exemplo? Deixa legado?			

Prosperidade/profissional

Detalhe seu hoje	Quando?	O que fazer?	Figura
Tem paixão pelo trabalho?	definir	ações	
Faz poupança? É dizimista? Perdoa dívidas?			
Evita cartões de crédito?			
Tem educação financeira?			
Tem orçamento doméstico?			

Lembre-se sempre que, como disse a escritora e poetisa norte-americana Ella Wheeler Wilcox: "Tu és o arquiteto do teu próprio destino".

O domador de tempestades

APÊNDICE K: descobrindo a sua missão de vida

Para encontrar sentido na vida, levantar-se motivado, querendo realizar os seus sonhos, entregar valor para as pessoas e ser feliz no processo, avalie:

Quais são as suas qualidades?

Se você tiver dificuldade em saber pergunte para quem o conhece quais são as suas principais qualidades, o que as pessoas falam sobre você. Escreva 5 ou 6 qualidades e eleja as 2 principais com as quais você se identifica mais.

O que você gosta de fazer e faz sem esforço?

Qual é a sua paixão?

Como você se expressa, se comunica e interage com as pessoas?

Como você manifesta os seus talentos?

Você costuma apoiar, motivar e animar as pessoas?

Como você vê o seu papel nos relacionamentos?

Se tiver dificuldade pergunte para as pessoas: qual é a forma que eu te ajudo? Como você vê que eu faço a diferença para as pessoas?

Qual a sua visão de um mundo perfeito?

Por exemplo, um mundo onde as pessoas possam se desenvolver física, mental, emocional e espiritualmente com harmonia, paz e amor, sem dores, sofrimento e envelhecimento precoce.

Resuma o seu propósito de vida

Por exemplo, usar a minha capacidade de aprender e a habilidade de rapidez em realizar coisas para ajudar as pessoas a se desenvolver nas áreas física, mental, emocional e espiritual para uma vida plena através dos seus planos de vida.

APÊNDICE L: exercício de alinhamento dos níveis neurológicos

Neste exercício você vai fazer uma viagem de ida e volta por meio dos níveis neurológicos, de maneira a fazer um alinhamento nessa parte tão importante para sua vida. Vamos juntos percorrer os seis níveis que representam e influenciam a sua maneira de pensar, agir e sentir. Antes, dê mais uma olhada cuidadosa no esquema a seguir:

Fique em pé e se posicione em um espaço físico onde você possa caminhar livremente. Mentalize a situação que pretende mudar, melhorar ou conseguir realizar em sua vida. Pode ser, por exemplo, que deseje melhorar o seu estilo de liderança, ou perder o medo de falar em público, o medo de dirigir ou ainda que queira perder peso.

1. Dê um passo para frente e imagine que você está entrando no espaço do "ambiente", tendo presente a situação que deseja mudar. Feche os olhos e

crie uma imagem mental de um lugar onde possa pôr em prática aquilo que deseja. Imagine que nesse ambiente você realmente gostaria de estar praticando ou demonstrando essa nova situação almejada. Perceba, ouça e se sinta no contexto desse ambiente. Agora, diga: "É dessa forma e nesse ambiente que eu quero estar alinhado."

2. Dê mais um passo à frente e entre no espaço do "comportamento". Imagine-se tendo uma nova atitude, aquela que gostaria de ter para mudar a situação que escolheu no início do exercício. Quais são os novos comportamentos que você vai adotar? O que o levou a tê-los?

3. Caminhe mais um passo e entre agora no espaço das "capacidades". Observe quais são os seus talentos natos, aquilo que você faz com facilidade e que pode ser útil diante da nova situação. Note quais são as estratégias mentais que você utiliza. Observe quais são os recursos de que dispõe agora e quais são as suas qualidades. Pergunte-se: "Quais são as qualidades que ainda preciso ter?"

4. Avance mais um passo e entre no espaço das "crenças e valores." Pense naquilo que é realmente importante para você nesse novo contexto. Aquilo que realmente o faz se sentir bem na nova situação. O que é valorizado pelo seu ser, pelo seu ego? Que tipo de pensamentos recorrentes tem tido? O que o faz acreditar nisso? O que é real? O que é ilusão? Como está sendo importante se sentir alinhado com a meta que definiu? O que o inspira e motiva a estar aqui?

5. Siga em frente e entre agora no espaço da "identidade". Concentre-se no seu ser. Quem é você? O que o torna único? Observe agora quem será nesse novo contexto que decidiu trabalhar. Que tipo de pessoa é agora? Quem não quer ser? Qual será o resultado para atingir essa meta traçada? E para a sua missão de vida? O que realmente deseja ser? O que ainda o impede de ser essa pessoa? Crie uma metáfora, um símbolo que defina a sua identidade.

6. De mais um passo e entre no "espaço espiritual". Pense na grandeza da Criação. De que forma você está ligado ao todo? Volte a pensar na sua missão de vida e a quem ela serve. Qual será o legado, o resultado que esse seu novo enfoque proporcionará para a empresa, pessoas, núcleo familiar ou a sociedade como um todo? Como gostaria de ser lembrado? Deixe que venha a sua mente um símbolo que defina o seu papel assumido perante este mundo. Defina agora uma posição, uma postura de vitória, que representa a sua felicidade por estar cumprindo a sua missão aqui. Pode, por exemplo, levantar os braços e gritar: eu sou um vencedor! Ou ainda, erguer os punhos fechados e gritar: Yes!

O domador de tempestades

7. Fique conectado e deixe fluir em você esse sentimento de felicidade e plenitude que adquiriu no espaço espiritual. Dê meia volta para fazer o caminho contrário. Leve toda essa sensação de realização para o espaço da identidade e perceba como a experiência espiritual melhora e enriquece a representação inicial que tinha da sua identidade. Deixe essa energia fluir e a potencialize ainda mais, como se estivesse enviando para todas as células de seu corpo, formando um campo de luz ao seu redor.

8. Canalize essa experiência da sua espiritualidade e da sua identidade para o espaço das crenças e valores. Mais uma vez, observe como isso melhora e enriquece a representação inicial que tinha sobre suas crenças e valores. O que é que muda? O que é que se fortalece? Quais novas crenças de poder surgiram? Quais outras desapareceram? Observe o quanto você está sentindo que realmente é aquilo que queria ser.

9. Leve a sensação de plenitude de sua espiritualidade, identidade, crenças e valores para o espaço das capacidades. O que mudou? Que qualidades suas ficaram mais evidentes? De que forma elas melhoram a situação que tinha que resolver? Observe como está a situação agora.

10. Leve essa mesma energia e sensação de plenitude de sua espiritualidade, identidade, crenças e valores e capacidades para o espaço do comportamento. Perceba que a nova maneira de se comportar, agora, parece ter mais significado, pois são o reflexo e uma expressão de todos os níveis superiores fortalecendo o seu ser. Perceba, o que mudou? De que forma toda essa mudança que o alinhamento dos níveis neurológicos ajudou a resolver a situação que tinha antes? Compare como está agora.

11. Junte todos os níveis, tudo de bom que conseguiu até aqui e leve para o espaço do ambiente. Sinta como se transformou e enriqueceu. Observe ao redor e sinta o poder do alinhamento gerando novos resultados, como se tudo estivesse acontecendo aqui e agora, porque, na sua mente, está efetivamente acontecendo. Você pode levantar os braços e dizer: eu consegui! Yes!

Acomode-se e permaneça em silêncio por alguns minutos. Deixe que tudo fique bastante presente em você, assimile essa clarividência, assuma que ela é sua, ela é a sua chama interior, a voz da sua verdade, que ela o libertou das dúvidas, dos medos, das mágoas. Aceite que a transformação que se processou trará novos e melhores resultados, mais saúde e felicidade.

APÊNDICE M: praticando novos hábitos e crenças positivas

Busque o equilíbrio das suas cinco inteligências naturais: física, mental, emocional, espiritual e financeira. Faça a renovação nos seus objetivos, traçando um plano de vida que envolva todas essas áreas do seu ser.

1. Inteligência física

Exercícios físicos, comer só a quantia de "5 palmas de mão" no almoço e no jantar, fazer cinco refeições diárias, incluindo desjejum e pequenos lanches, comer a cada 3 horas e tomar água e vitaminas suplementares.

INTELIGÊNCIA FÍSICA		
Identificar crenças negativas	Remodelar crenças ruins	Remodelar crenças positivas
	Boa alimentação	
	Fazer exercícios físicos	
	Tomar água/chás	
	Suplementos vitamínicos	
	Comer a cada 3 horas	

2. Inteligência emocional

Gestão das emoções, do autocontrole, dos relacionamentos com amigos e pessoas que nos são importantes, além de nos proporcionar passatempos e relaxamentos.

INTELIGÊNCIA EMOCIONAL		
Identificar crenças negativas	Remodelar crenças ruins	Remodelar crenças positivas
	Qualidade dos relacionamentos	.
	Perdoar para ser perdoado	

	Tempo para estar consigo mesmo	
	Gestão da emoção e/ou raiva	
	Autoconhecimento	

3. Inteligência mental

Estudos, desenvolver a capacidade cognitiva, trabalhar seu propósito de vida, seu sentido de utilidade, desenvolver hábitos de leitura e de aprendizagem contínua.

INTELIGÊNCIA MENTAL		
Identificar crenças negativas	**Remodelar crenças ruins**	**Remodelar crenças positivas**
	Definições de metas específicas	
	Visualização de resultados	
	Pensamento flexível	
	Aprendizagem continua	
	Hobbies e atividades de descanso mental	

4. Inteligência espiritual

Missão de vida, crenças, valores, família, comunidade, religiosidade, etc.

INTELIGÊNCIA MENTAL		
Identificar crenças negativas	**Remodelar crenças ruins**	**Remodelar crenças positivas**
	Impedimento de realizar sua missão	

	Religiosidade, fé e oração	
	Sentimento de merecimento	
	Hábito da gratidão	
	Deixar um legado: o que o impede, o que o estimula	

5. Inteligência financeira

Mude sua programação mental e assuma que o dinheiro serve para você evoluir e ajudar muitas pessoas a também evoluírem.

INTELIGÊNCIA FINANCEIRA		
Identificar crenças negativas	**Remodelar crenças ruins**	**Remodelar crenças positivas**
	Pratique seus conhecimentos em um trabalho que lhe apaixone	
	Orçamento doméstico e poupança	
	Prática de ações sociais e voluntariado	
	Perdoar alguma dívida	
	Aprendizagem contínua	

A harmonia dessas cinco inteligências, se você assim desejar e se dedicar, levará você a cumprir com assertividade e satisfação a sua missão de vida. Para isso, inclua metas para montar o seu plano de vida conforme indicado no próprio capítulo.

"A vida só é real quando eu sou!".
(Gurdjieff)

O domador de tempestades

Os 27 livros recomendados pelo Mestre Chico

Os livros que mais impactaram a vida do Chico e que, com certeza, também contribuirão para fazer a diferença em sua vida (em ordem alfabética de título):

1- *A antiga ciência e a arte da cura prânica* – Choa Kok Sui
2- *ABC da saúde* – Jong Suk Yum
3- *A história* – Max Lucado e Randy Frazee
4- *Alquimia interior* – Zulma Reyo
5- *A profecia celestina* – James Redfield
6- *As 7 leis espirituais do sucesso* – Deepak Chopra
7- *A república* – Platão
8- *A semente de Deus* – Cesar Romão
9- *A semente de mostarda* – Osho
10- *As 3 perguntas* – Jorge Bucay
11- *Diagnóstico visual do homem* – Jong Suk Yum
12- *Entre os monges do Tibete* – Lobsang Rampa
13- *Fernão Capelo Gaivota* – Richard Bach
14- *Formando seres integrais* – Renato Lessa Pereira
15- *Mapa da vida* – Maurício Sita e Edson de Paula
16- *Meditando com os mestres dos 7 raios* – Maria Silvia Orlavas
17- *O despertar dos mágicos* – Louis Pauwels e Jacques Bergier
18- *O monge e o executivo* – James Hunter
19- *O maior vendedor do mundo* – Og Mandino
20- *Os ensinamentos de G.I.Gurdjieff* – Beryl Pogson
21- *O pobre de Deus* – Nikos Kazantzakis
22- *Os 7 hábitos das pessoas altamente eficazes* – Sthephen Covey
23- *O voo da águia* – Leo Artése
24- *Pense e enriqueça* – Napoleon Hill
25- *Poder além da vida* – Dan Millman
26- *Psicoterapia prânica* – Choa Kok Sui
27- *The power of story* – Jim Loehr

"Defendo o porte de livros:
que a paz prevaleça sobre a Terra."

Os 27 filmes recomendados pelo Mestre Chico

Os filmes que mais impactaram a vida do Chico e que, com certeza, também contribuirão para fazer a diferença em sua vida (em ordem alfabética de título):

1 - *A guerra dos botões*, 1963 – Yves Robert
2 - *A cabana*, 2017 – Stuart Hazeldine
3 - *À procura da felicidade*, 2006 – Gabriele Muccino
4 - *As 5 pessoas que você encontra no céu*, 2004 – Lloyd Kramer
5 - *Avatar*, 2009 – James Cameron
6 - *A vida é bela*, 1998 – Roberto Benigni
7 - *Casablanca*, 1942 – Michael Curtiz
8 - *Com amor da idade da razão*, 2010 – Yann Samuell
9 - *Dersu Uzala*, 1975 – Akira Kurosawa
10 - *Divertida mente*, 2015 – Pete Docter
11 - *Desafiando gigantes*, 2006 – Alex Kendrick
12 - *Duelo de titãs*, 2000 – Boaz Yakin
13 - *Guerra dos mundos*, 2005 – Steven Spielberg
14 - *Horizonte perdido*, 1973 – Charles Jarrott
15 - *Irmão sol, irmã lua*, 1972 – Franco Zefirelli
16 - *Meia-noite em paris*, 2011 – Woody Allen
17 - *Meu pé de laranja lima*, 1970 – Aurélio Teixeira
18 - *Nosso lar*, 2010 – Wagner de Assis
19 - *O garoto*, 1921 – Charlie Chaplin
20 - *O homem que conhecia o infinito*, 1991 – Robert Kanigel
21 - *Os 12 trabalhos de Hércules*, 1958 – Federico Teti
22 - *Pach Adams*, 1998 – Tom Shadyac
23 - *Poder além da vida*, 2006 – Victor Salva
24 - *Prova de fogo*, 2008 – Alex Kendrick
25 - *Quarto de guerra*, 2015 – Alex Kendrick
26 - *Quem somos nós?*, 2004 – Willian Arntz
27 - *Todo poderoso*, 2003 – Tom Shadyac

Contatos

Valter Assis – Mestre Chico
Líder treinador e terapeuta transpessoal

www.nucleozoi.com
valterassis@nucleozoi.com
Facebook: Núcleo Zoi
Instagram: valter_assis_treinamentos
LinkedIn: Valter Assis
YouTube: Valter Assis
Twitter: escritor_treina